Ankommen dürfen statt loslassen müssen

Bedürfnisorientierte Eingewöhnung
in Kita, Krippe und Kindertagespflege

Hermann-Herder-Str. 4, 79104 Freiburg

www.herder.de

Bei Fragen zur Produktsicherheit:
produktsicherheit@herder.de

Umschlagkonzeption und -gestaltung: Gestaltungssaal,
Rohrdorf bei Rosenheim
Satz: Sabine Hanel, Gestaltungssaal
Coverillustrationen: © eamesBot - shutterstock,
MIKHAIL GRACHIKOV - shutterstock
Illustrationen im Innenteil: © eamesBot - shutterstock,
MIKHAIL GRACHIKOV - shutterstock, Sabine Hanel - Gestaltungssaal
Herstellung: Graspo CZ, Zlín
Printed in the Czech Republic

ISBN (Print) 978-3-451-39777-6
ISBN EBook (PDF) 978-3-451-83029-7
ISBN EBook (EPUB) 978-3-451-83028-0

Inhalt

1 Ankommen dürfen und Sicherheit finden

Stellen wir uns vor, wir landen auf einem weit entfernten Planeten. Die Tür des Raumschiffs geht auf, wir steigen aus und betreten unbekanntes Terrain. Es sieht alles so anders aus als zuhause, es riecht anders und es hört sich anders an. Angst steigt in uns auf. Die Lebewesen sehen so anders aus, der Umgang untereinander scheint anders zu sein, die Sprache ist anders. Alles ist so fremd. Es kommen komische Wesen auf uns zu, wir wissen nicht, sind sie gefährlich? Sind sie freundlich? Was tun sie, wenn ich Angst bekomme? Schützen sie mich oder **bin ich in Gefahr?**

Plötzlich schließen sich die Türen des Raumschiffs und es fliegt davon. Da stehen wir nun, ganz alleine, ohne etwas oder jemanden zu kennen, ohne zu wissen, wohin wir uns wenden sollen.

Wie geht es uns? Was fühlen wir? Was wünschen wir uns? Was tun wir? Eines ist sicher: Wir brauchen Zeit, um anzukommen, alles kennenzulernen, um mögliche Gefahren einschätzen zu können. Es wird eine Weile dauern, bis wir uns ein wenig entspannen können. Und erst wenn wir wissen, wie die anderen sich verhalten, wie alles läuft, wenn wir wissen, wer uns wohlgesonnen, zugewandt ist und uns unterstützt, können wir zur Ruhe kommen.

Bei aller Vorsicht kann es auch sein, dass gleich bei der Landung ein wenig **Neugierde** und Interesse mitschwingt, das Neue erkunden zu wollen, etwas Neues zu lernen, die Herausforderung auf dem fremden Planeten als Möglichkeit zu sehen, spannende Abenteuer zu erleben.

Es fällt leichter, irgendwo anzukommen, wenn wir jemanden haben, der uns begleitet, der uns versteht, der uns zeigt, wie alles geht, der uns mit unserer Unsicherheit oder Angst ernst nimmt, der uns wieder beruhigt, wenn eine verunsichernde Situation auftritt, der uns tröstet, wenn wir unser Zuhause vermissen. Schritt für Schritt können wir uns auf der

Grundlage der Sicherheit gebenden Beziehung immer heimischer fühlen, zugehörig, gemocht und angenommen. Dann sind wir angekommen. Und umso besser wir angekommen sind, desto mehr zeigen wir uns auch; je sicherer wir uns fühlen, desto mehr können wir entspannen, loslassen und sein, wer wir wirklich sind.

Um irgendwo anzukommen, braucht es einiges: Zeit, Offenheit, Vertrauen, Kontrolle, Sicherheit und Wohlbefinden.

Ähnlich geht es auch Kindern und Familien, wenn sie den Schritt von zuhause in eine **außerfamiliäre Betreuung,** in eine Krippe, Kita oder Kindertagespflege gehen. Etwas Neues wartet, das viel Freude und Neugierde, aber auch Angst und Sorgen auslösen kann. Die Aufgabe für alle Beteiligten ist es dann, den fremden Ort zu einem sicheren Ort werden zu lassen. Dieser erste große Übergang definiert eine **sensible, verletzliche Zeit** für alle Beteiligten, die besondere Aufmerksamkeit benötigt. Gelingt es, diese Ankommenszeit sensibel, achtsam und Grenzen wahrend, partizipativ und bedürfnisorientiert zu gestalten, prägt diese Erfahrung alle Übergänge, die das Kind in seinem weiteren Leben erfährt, in positiver Weise. Ist diese sensible Zeit jedoch von negativen Erfahrungen geprägt, wird sich auch diese Umgangsweise mit den Aspekten Abschied und Trennung als Muster verankern.

Um eine **positive Erfahrung** zu ermöglichen, braucht es eine feinfühlige Begleitung der Gefühle und Bedürfnisse der beteiligten Menschen: des Kindes und der begleitenden Bezugsperson. „Die wichtigste Aufgabe während der Eingewöhnung ist, dass das Kind zusammen mit seiner vertrauten Bezugsperson eine Beziehung zu einer pädagogischen Fachkraft entwickelt, die sich langsam aufbauen kann und die mit Gefühlen des Wohlbefindens verknüpft ist. Kinder sind auf Bezugspersonen angewiesen, um sich bei belastenden Gefühlen wie Angst oder Trauer Sicherheit holen zu können" (Alemzadeh 2021a, S. 37). Es braucht ein genaues Hinsehen, um zu erkennen, welche Gefühle und Bedürfnisse aktiv sind und welche Grenzen gezeigt werden. Auf diese Weise entsteht eine Beziehung, entstehen Vertrauen, Verbindung und Sicherheit – all das, was nötig ist, um ankommen und loslassen zu können.

Eingewöhnung – ein schwieriger Begriff

Das Wort „Eingewöhnung" scheint in der Fachliteratur und im fachlichen Sprachgebrauch der gängige Begriff für den Übergang eines Kindes von zuhause in eine außerfamiliäre Einrichtung zu sein. Der Begriff wird jedoch immer öfter auch kritisch gesehen, denn er impliziert, dass ein Kind sich „nur" an etwas oder jemanden lange genug gewöhnen müsse, damit es in er Einrichtung ankommt. Das mag auch zum Teil stimmen und gibt dem Wort „Eingewöhnung" hinsichtlich einiger Aspekte seine Berechtigung. Der Begriff „Eingewöhnung" enthält jedoch auch die Annahme, dass der Ankommensprozess etwas Passives ist, das mit dem Kind passiert, statt das Kind als aktiven Gestalter seines Ankommens zu verstehen. „Eingewöhnung" wird diesem so sensiblen Übergang also an vielen Stellen nicht ausreichend gerecht. Es geht für ein Kind und seine Begleitperson um so viel mehr: Es geht darum, anzukommen, sich willkommen zu fühlen, Sicherheit zu finden, sich aufgehoben zu fühlen, Beziehungen einzugehen, sich miteinander einzuschwingen, in Resonanz zu gehen und nicht nur, sich an etwas, einen Raum, einen Ablauf oder eine Person zu gewöhnen.

Aus diesem Grund werden in diesem Buch jenseits der wissenschaftlichen Einordnung anstatt „Eingewöhnung" auch die Begrifflichkeiten Beziehungszeit, Ankommenszeit oder Ankommensphase genutzt.

1.1 Die Bedeutung der Eingewöhnung – eine wissenschaftliche Einordnung

Welche Relevanz eine gute und **professionell gestaltete Eingewöhnung** hat, ist mittlerweile gut erforscht. Mithilfe der Bindungsforschung, der Transitionsforschung, der Psychotraumatologie und der Stressforschung lässt sich erläutern, wie wichtig es ist, dass Kinder und Eltern in ihrem Ankommensprozess individuell und passend begleitet werden.

Bindungstheorie und Bindungsforschung

Die Bindungsforschung zeigt auf, dass Bindungserfahrungen für eine gesunde mentale Entwicklung von großer Bedeutung sind (z.B. Grossmann & Grossmann 2012/2021). Belegt wurde durch verschiedene Forschungen, dass ein wesentlicher Schutzfaktor für eine gesunde Entwicklung eine stabile, verlässliche, wertschätzende und emotional warme Beziehung zu einer (erwachsenen) Bezugsperson ist (z.B. Dornes 2009; Luthar 2006).

Ein grundlegender Faktor für eine sichere Bindungsrepräsentation ist die **Feinfühligkeit** (vgl. Ainsworth & Bell 1974) der Bezugspersonen. Gemeint ist damit die passende Beantwortung auftauchender Bedürfnisse des Kindes. Kinder entwickeln im Laufe ihrer ersten Lebensjahre eine sogenannte **Bindungshierarchie** (vgl. Hédervári-Heller 2008; Brisch 2013). Ausschlaggebend für die Hierarchie ist nicht die Qualität der Bindung, sondern die Häufigkeit der Interaktionen in bindungsrelevanten Momenten, wenn Kinder unsicher sind, weinen, starke Gefühle erleben und Co-Regulation benötigen. Auch pädagogische Fachkräfte können so Teil der Bindungshierarchie werden. Je mehr Zeit Kinder in der Einrichtung verbringen, umso höher „rutscht" die Fachkraft in der Hierarchie – unabhängig davon, wie die Qualität der Bindung ist. Nach und nach erweitern Kinder den Kreis ihrer Bezugspersonen und vermindern so Stück für Stück ihre angeborene Trennungsangst (vgl. Bensel u.a. 2020, S. 10).

Exkurs: Bindung oder Beziehung?

Viel diskutiert wird in der Pädagogik die Frage, ob Kinder zur pädagogischen Fachkraft **eine Bindung oder eine Beziehung** aufbauen.

Auch wenn davon ausgegangen wird, dass die elementaren Bindungsbeziehungen im ersten Lebensjahr entwickelt werden, kann zur pädagogischen Fachkraft eine **bindungsähnliche Beziehung** entstehen. „Die Fachkraft-Kind-Beziehung kann Elemente von Bindung enthalten und bindungsähnlich sein" (vgl. Hörmann 2014, S. 6). Je nachdem, wie viel Zeit Kinder in einer Einrichtung verbringen, wie gut ihr Bedürfnis nach Bindung in ihrer Herkunftsfamilie erfüllt werden kann, welches Alter sie haben, welche Persönlichkeit und welche Kultur sie mitbringen, ändert sich sicherlich auch der Bedarf an Beziehung oder auch Bindung zu den pädagogischen Fachkräften. Es lässt sich also schwer sagen, ob Kinder eine Bindung zu einer Fachkraft eingehen oder eine Beziehung. In diesem Buch ist im Folgenden von einer Fachkraft-Kind-Beziehung die Rede, weil diese Begrifflichkeit dem aktuellen wissenschaftlichen Standard entspricht.

Es gibt Hinweise darauf, dass die **Bindungsqualität** von Kindern zu ihren primären Bezugspersonen ausschlaggebend dafür sein kann, wie eine Eingewöhnung verläuft: Sicher gebundene Kinder weinen zu Beginn einer Eingewöhnung oft mehr als unsicher gebundene Kinder. Diese hingegen wirken im Vergleich mit sicher gebundenen Kindern nach einigen Wochen belasteter, spielen weniger etc. (vgl. Rauh 1998, S. 244). Es scheint so, als wären sie anfänglich „stark", versuchten alles alleine zu bewältigen, bis ihnen die „Kraftreserven" ausgehen (vgl. Bensel u.a. 2020, S. 14).

Grundvoraussetzung für das **gesunde Aufwachsen** von Kleinkindern ist aus bindungstheoretischer Sicht, die Eingewöhnung so zu gestalten, dass ein Kind in seinem Tempo eine sichere Beziehung zu den pädagogischen Fachkräften aufbauen und so Sicherheit gewinnen kann.

Fühlt sich ein Kind sicher, so kann es lernen und sich entwickeln. Im

Umkehrschluss: Fehlen Beziehung und Sicherheit, können **Lernen und Entwicklung** gehemmt werden.

Stressforschung

Die Eingewöhnung kann zu einem **großen Stresserleben** bei allen Beteiligten führen. „Die Trennung eines Kindes von seinen Eltern gilt als der wichtigste Stressor in der frühen Kindheit", so beschreiben es Wilfried Griebel und Renate Niesel in ihrem Buch „Übergänge verstehen und begleiten" (2016, S. 59). Angsteinflößende oder herausfordernde Situationen führen dazu, dass Menschen Stress empfinden. Das Hormon Cortisol wird produziert.

In mehreren Studien (vgl. Vermeer & van IJzendoorn 2006; Datler u.a. 2012; Ahnert 2004a) wurde ermittelt, wie hoch der **Cortisolwert** bei Krippenkindern während der Eingewöhnungszeit ist: In den ersten Wochen ihres Krippenbesuchs weisen sie einen bis zu 100 Prozent höheren Cortisolwert in ihrem Blut auf als zuhause (vgl. Vermeer & van IJzendoorn 2006; Datler u.a. 2012; Ahnert 2004a). Unabhängig von der Eingewöhnung, scheint es bei Kindern normal zu sein, dass der Cortisolwert im Speichel am Morgen am höchsten ist. Allerdings zeigen die Forschungsbefunde, dass in den untersuchten Fällen der übliche Abbau des Stresshormons nicht stattfindet. Der Cortisolwert nimmt im Laufe des Tages eher noch zu.

Cortisol ist dafür da, in schwierigen Momenten **wach und reaktiv** zu sein. Es half den Menschen früher, zu überleben, wenn es gefährlich wurde, zum Beispiel, wenn ein gefährliches Tier auftauchte, das es zu bekämpfen galt. Dieser ursprüngliche Überlebensmechanismus ist noch immer in unserem Körper und in unserem Gehirn gespeichert. Eine zu starke Bündelung von Energie über einen längeren Zeitraum, also zu viel Cortisol im Blut, kann Auswirkungen auf das Immunsystem und die Organe, etwa die Nebennieren haben. Erleben Kinder in der Eingewöhnung zu viel Stress, werden sie deshalb **häufig krank,** essen nicht mehr und ihre Ausscheidung kann gehemmt sein. An dieser Stelle soll angemerkt werden, dass am Anfang der Krippen- oder Kindergartenzeit Krankheitssymptome auch damit zu erklären sind, dass Kinder sich gegen die Viren und Bakterien in der Gruppe immunisieren.

Zu viel Stress in jungen Jahren, wenn das Gehirn noch stark reift, wirkt sich nachweislich negativ auf die kindliche Entwicklung aus (vgl. Brisch 2014). „Belastende Erfahrungen in den ersten Lebensjahren können im Erwachsenenalter zu chronischen Erkrankungen und ‚unerklärlichen' Beschwerden führen" (Wilhelm 2014, S. 26). Nachgewiesen ist, dass ein erhöhtes Stresserleben in der Kindheit mit einem erhöhten Risiko für Depressionen im Erwachsenenalter korreliert (vgl. Caspi u.a. 2003).

Exkurs: Stress durch Trennung

Experimente mit kleinen **Rhesusaffen** zeigten, dass die Trennung von ihren Müttern starke Aktivität und Unruhe auslöste. Blieb das Muttertier mehr als drei Tage fern, hörten die Kleintiere meist auf zu rufen, sie stellten ihre Bindungssignale ein. Der Körper der Affenkinder aktivierte eine „Sparschaltung" und verharrte in einer Warteposition. Dafür stieg der Cortisolspiegel stark an und das Wachstumshormon Somatotropin war in dieser Zeit gehemmt. Durch den nun erhöhten Cortisolwert im Blut verminderte sich ihre Immunabwehr, was sie anfälliger für Krankheiten machte. Es zeigten sich noch weitere physiologische Symptome aufgrund der Trennung: Herzrhythmusstörungen, Störungen des Schlaf-/Wachrhythmus und zeitweiliges Fieber (vgl. Grossmann & Grossmann 2012/2021, S. 47f.).

Auch wenn dieses Experiment nicht eins zu eins auf den Krippenalltag übertragbar ist, da Kinder nie ganz alleine bleiben, zeigt es doch, was im Körper passiert, wenn nicht genügend Sicherheit und Regulation von außen zur Verfügung stehen. Der Körper eines Kindes ist stark gestresst und schaltet in einen Überlebensmodus.

Eine sensible, bedürfnisorientierte Eingewöhnung kann mit dazu beitragen, dass das Stresserleben des Kindes, seiner Eltern und der pädagogischen Fachkraft in einem gesunden Level gehalten werden kann. Deshalb sollte zu jeder Zeit das Maß der Anspannung des Kindes und der Begleitperson im Blick behalten werden. Wird der Stress für das Kind oder die Begleitperson zu hoch, sollte etwas an der Eingewöhnung verändert werden.

Psychotraumatologie

Wird eine Eingewöhnung nicht angemessen begleitet, kann es je nach individuellen und äußeren Bedingungen zu einer **Traumareaktion bei den Beteiligten** kommen. „Eingewöhnung ist wichtig, kann aber ganz schön schiefgehen. So schief, dass Kinder sie sogar als traumatisch erleben" (Alemzadeh 2021a, S. 37). Werden Kinder zu kurz eingewöhnt, wird die Eingewöhnung zu früh beendet, obwohl das Kind weiter inneren Stress erlebt, konnte noch kein anderer Sicherheitsanker entwickelt werden, kann eine Trennungserfahrung während der Eingewöhnung als traumatisch erlebt werden. Es ist davon auszugehen, dass nicht nur Kinder Eingewöhnungen unter bestimmten Umständen als traumatisch erleben können, sondern auch Eltern und pädagogische Fachkräfte (vgl. Alemzadeh 2021b).

Ein Trauma kann dann entstehen, wenn Einflüsse von außen so herausfordernd sind, dass sie überfordern und die individuellen Bewältigungsstrategien nicht ausreichen. Entscheidend für die Entstehung eines Entwicklungstraumas sind **die Ressourcen des Einzelnen,** seine Resilienz, seine traumatischen Vorerfahrungen und die Art der Zuwendung in der belastenden Situation (vgl. Garbe 2015). Je jünger Kinder sind, desto weniger Bewältigungsstrategien stehen ihnen zur Verfügung. Sie benötigen dabei unbedingt die Regulation von außen durch Erwachsene.

> Eine traumatische Erfahrung ist ein „vitales Diskrepanzerleben zwischen bedrohlichen Situationsfaktoren und den individuellen Bewältigungsmöglichkeiten, das mit dem Gefühl von Hilflosigkeit und schutzloser Preisgabe einhergeht und so eine dauernde Erschütterung von Selbst- und Weltverständnis bewirkt"
> (Fischer & Riedesser 1999, S. 83).

„Trennungsangst gehört zu einem Übergang dazu und kann ein Entwicklungsstimuli sein oder ein Minitrauma bedeuten" (Bensel u.a. 2020, S. 14). Ein Trennungsschmerz kann durchaus ein Gefühl „existentieller Bedrohung" (vgl. Zwettler-Otte 2006, S. 22) auslösen. Das Kind kommt, je nach Dauer und Intensität des Trennungserlebens, in einen übererregten Zustand, in dem sein Organismus um das Überleben kämpft. Je nach Ausmaß der Stressreaktion schaltet der von Angst durchflutete Körper in einen Erstarrungsmodus (vgl. Porges 2021, S. 9). Dieses Erleben speichert der Körper als traumatische Erinnerung ab. Trennung, Abschied, Dunkelheit und Alleinsein können in diesem Fall mit Gefühlen von Ohnmacht, Hilflosigkeit und Bedrohung im Gehirn verankert werden.

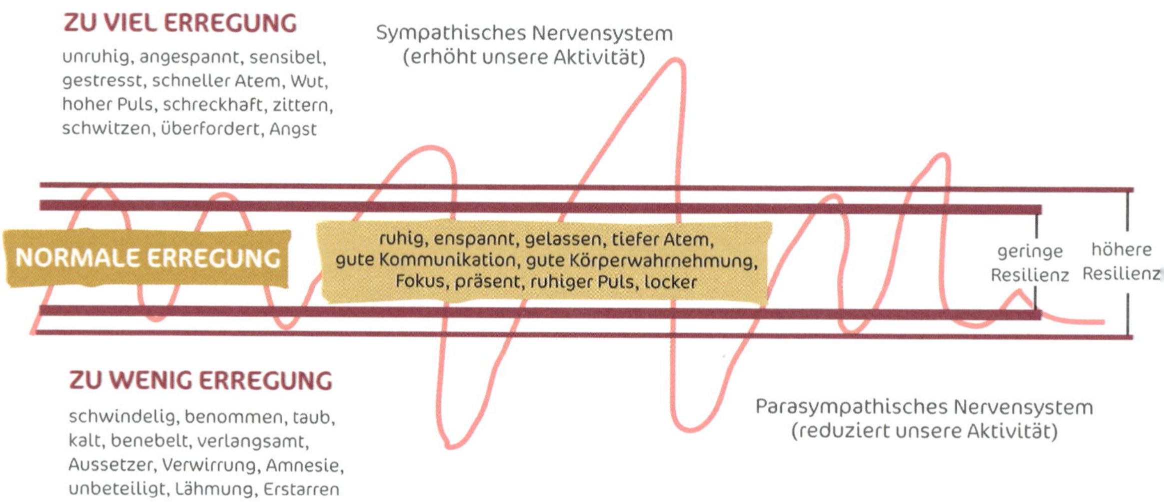

Abb. 1 Das Stress-Toleranz-Fenster nach Daniel Siegel (2014)

Bei einer Eingewöhnung, die nicht an den Kindern orientiert ist, „drohen Kleinkinder von belasteten Gefühlen der Angst, des Verlorenseins, der Verzweiflung oder auch der Wut überschwemmt zu werden, ohne eine Möglichkeit zu haben, sich von diesen Gefühlen zu befreien" (Datler u.a. 2010, S. 161).

Eine traumatische Eingewöhnung kann verhindert werden, indem Kinder und Eltern mit ihren individuellen Gefühlen und Bedürfnissen ernst- und angenommen werden. Sie bestimmen, wann sie bereits sind, sich zu trennen. Denn um ein Trauma zu verhindern, braucht es eines: Kontrolle über das Geschehen. Entscheidend ist dafür ein Gefühl von Sicherheit. Konnte in der Eingewöhnung also eine Sicherheit gebende Beziehung zu einer oder mehreren pädagogischen Fachkräften aufgebaut werden, so gelingt es Kleinkindern, ihre Gefühle von Angst, Verlorensein und Verzweiflung zu regulieren. Sie haben einen sicheren Ort, an dem sie ihren Zustand einordnen und sich wieder beruhigen können (vgl. Datler u.a. 2012).

Transitions- und Eingewöhnungsforschung

Die Transitions- und Eingewöhnungsforschung zeigt ebenfalls, wie wichtig eine gut begleitete Eingewöhnung für das Wohlbefinden des Kindes ist. Der Eintritt in die außerfamiliäre Betreuung kann als ein Übergang im Kindesalter betrachtet werden, dessen gelungene oder misslungene Bewältigung Einfluss darauf nehmen kann, wie ein Kind **zukünftige Übergänge im Lebenslauf** und somit seine Entwicklung meistert (vgl. Beelmann 2006, S. 44). Die Transitionsforschung macht immer wieder darauf aufmerksam, dass dieser erster wichtige Übergang der Eingewöhnung als Marker dafür dient, wie ein Kind mit allen weiteren Übergängen in seinem Leben umgeht (vgl. Griebel & Niesel 2016).

Eine nicht ausreichend gut gestaltete Eingewöhnung kann die Ursache für ein **gehäuftes Kranksein** und ein Hemmnis der Entwicklung der Kinder sein. Eine Eingewöhnung, bei der keine Trennung in den ersten drei Tagen stattfand, waren die Kinder viermal weniger häufig krank. Das fand der Soziologe Hans-Joachim Laewen (1989) an der Freien Universität Berlin in einer Studie begleitend zu der Entwicklung des Berliner Eingewöhnungsmodells heraus.

Die Transitionsforschung macht deutlich, dass für eine Bewältigung der Eingewöhnung die **Anforderungen und die Bewältigungskapazität** in Balance bleiben müssen. Werden die Kapazitäten des Kindes überschritten, wird die Anforderung zur Überforderung. Damit das nicht passiert, braucht es eine adäquate Begleitung (vgl. Griebel & Niesel 2016, S. 59).

In einer vergleichenden Untersuchung von abrupten und allmählichen eingewöhnten zehn Monate alten Kindern konnte festgestellt werden, dass prompt eingewöhnte Kinder in den ersten 18 Tagen mehr Stress und negative Gefühle zum Ausdruck brachten als Kinder, die allmählich eingewöhnt wurden. Grund dafür war die „aktive Auseinandersetzung (Coping) mit den Veränderungen ihres Alltags. Die Kinder unter den abrupten Eingewöhnungsbedingungen waren gehemmter in ihrem Ausdruck von Gefühlen im Zusammenhang mit dem erlebten Stress" (ebd., S. 70f.). Langsam eingewöhnte Kinder weinten langfristig gesehen weniger, zeigten weniger Unwohlsein und ließen sich leichter trösten. Die **langsame Eingewöhnung** in Anwesenheit einer vertrauten Person ist für die Gesundheit des Kindes also nur förderlich.

Achtsame Übergangsgestaltung

Die **Forschungen** aus den letzten Jahrzehnten über Bindung, Psychotraumatologie und Transition belegen, welche hohe Relevanz einer **sensiblen Eingewöhnungsgestaltung** zukommt. Diese erste Trennung der Kinder von ihren Eltern oder anderen Bindungspersonen birgt viele Risiken, die sowohl das Kind als auch sein Lebensumfeld belasten können. Weil die Erfahrung des Übergangs so prägend für alle künftigen Übergänge ist, sollte sie umso achtsamer gestaltet werden, und die Bedürfnisse aller Beteiligten in diesem Prozess ihren Platz haben.

1.2 Eingewöhnungsmodelle

Eingewöhnungen werden seit den 1980er Jahren häufig nach Modellen durchgeführt, die aus verschiedenen Forschungsstudien entstanden sind. Das Berliner Eingewöhnungsmodell (vgl. Laewen u.a. 2007) war das erste Modell und damals eine echte **Revolution.** Denn bis dato wurden Kinder nicht nach bestimmten Vorgaben, sondern nur nach Bauchgefühl eingewöhnt. Es folgte das Münchener Modell (vgl. Winner & Erndt-Doll 2009), das eine längere Eingewöhnung vorsieht. Aktuell werden das Peergroup-Eingewöhnungsmodell (vgl. Fink 2022; Cantzler 2022) und das partizipatorische Eingewöhnungsmodell (vgl. Alemzadeh 2023) diskutiert und in Kitas implementiert.

Heute ist es Pflicht jeder Krippe und Kindertagesstätte, ein Eigewöhnungskonzept vorzulegen. Und hier steht schwarz auf weiß, dass kein Kind mehr einfach so, mit Tränen in den Augen am ersten Tag in die außerfamiliäre Betreuung abgegeben werden darf.

Tipp:

Die gängigen Eingewöhnungsmodelle auf einen Blick finden sich auf:
https://beduerfnisorientierte-paedagogik.de/die-eingewoehnungs-modelle-im-ueberblick

2 Bedürfnisorientierte Eingewöhnung oder eine Beziehungszeit gestalten

Die theoretischen Grundlagen für das bedürfnisorientierte Ankommen in der Einrichtung bildet die bedürfnisorientierte Pädagogik (vgl. Wedewardt & Hohmann 2021).

> Bedürfnisorientiert in einer außerfamiliären Einrichtung anzukommen bedeutet, dass die Bedürfnisse aller Beteiligten – die des Kindes, der Begleitperson und der pädagogischen Fachkraft – wahrgenommen und berücksichtigt werden.

Als theoretisches Fundament ist neben der Bindungsforschung, der Transitionsforschung, der Psychotraumatologie, der Achtsamkeitsforschung und der Neurowissenschaft auch die Gewaltfreie Kommunikation von Marshall Rosenberg (2016) hervorzuheben.

Die bedürfnisorientierte Beziehungszeit ist von einem individuellen Vorgehen geprägt, das sich an den beteiligten **Menschen ausrichtet.** Es bezieht die individuellen Temperamente, die unterschiedlichen neuronal-genetischen Voraussetzungen (Neurodivergenzen), kulturellen Hintergründe, Eigenheiten und Interessen jedes Beteiligten mit ein. Auf diese Weise ist jede bedürfnisorientierte Eingewöhnung einzigartig.

Die bedürfnisorientierte Beziehungszeit macht sich **frei von Eingewöhnungsmodellen,** die einen bestimmten Ablauf oder einen Zeitrahmen vorgeben. Es wird davon ausgegangen, dass jeder Mensch so unterschiedliche Voraussetzungen mitbringt, dass Modelle dem Einzelnen im Ankommensprozess kaum gerecht werden können. Es gibt Voraussetzungen, die dazu führen können, dass der Ankommensprozess schnell verläuft, es ist aber auch möglich, dass die erste Trennung nach vier Wochen stattfindet. Alles darf sein – immer an den Gefühlen und Bedürfnissen der Beteiligten ausgerichtet. Jeder bekommt das, was er braucht.

Entsprechend des Menschenbildes der **Gewaltfreien Kommunikation** nach Marshall Rosenberg (2016) wird auch im Ankommensprozess davon ausgegangen, dass jeder Mensch zu jeder Zeit sein bestmögliches Verhalten zeigt, um sich seine Bedürfnisse zu erfüllen. Egal, wie Menschen sind, was sie tun, was sie sagen oder wie sie sich verhalten, sie streben danach, sich ihre Bedürfnisse zu erfüllen, um psychisch und physisch gesund zu bleiben. Besonders stark können Bedürfnisse in der Beziehungszeit am Anfang sichtbar werden, da der Übergang in aller Regel mit vielen verunsichernden Gefühlen einhergeht. Gefühle und Körperreaktionen der Beteiligten geben Hinweise darauf, welche Bedürfnisse wahrgenommen und erfüllt werden wollen.

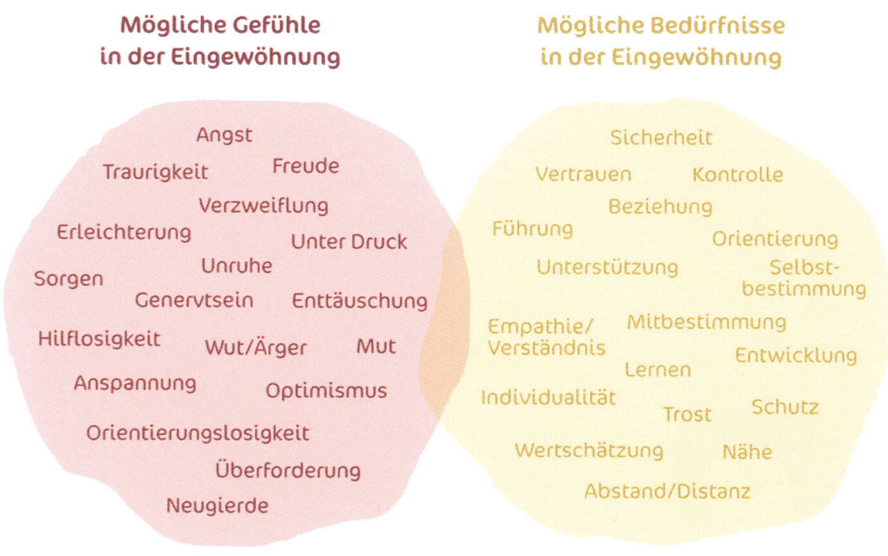

Abb. 2 Mögliche Gefühle und Bedürfnisse in der Ankommenszeit

Oft wird davon ausgegangen, dass im Ankommensprozess nur das Bedürfnis nach Sicherheit und Bindung relevant ist. Es gibt jedoch so viel mehr Bedürfnisse, die zum Tragen kommen können. Die Bedürfnisse können sich jederzeit verändern, parallel aufkommen oder im Widerspruch zueinander stehen. Manche Bedürfnisse sind verdeckt, manche zeigen sich eindeutig. Bestimmte Wünsche der Beteiligten in der Ankommenszeit können als Strategien für dahinter verborgene Bedürfnisse verstanden werden, die es zu ergründen gilt.

Es geht dabei nicht immer um die Erfüllung von Bedürfnissen, als vielmehr um das Wahrnehmen und Benennen von dem, was im Moment zu spüren ist. Darauf aufbauend können die unterschiedlichen Bedürfnisse einander gegenübergestellt und in gleichwürdiger Beziehung ausgehandelt werden. Dafür benötigt es eine kontinuierliche Kommunikation über Gefühle, Bedürfnisse und Grenzen.

2.1 Gefühle, Bedürfnisse und Erinnerungen

In der Beziehungszeit, also im Rahmen einer bedürfnisorientierten Eingewöhnung, stehen die Wahrnehmung und das **feinfühlige Handeln der Bezugsfachkraft** als Voraussetzung für ein gelingendes Ankommen im Mittelpunkt. Die Fachkraft benennt, was sie wahrnimmt, und richtet ihr Handeln ausschließlich am körperlichen und emotionalen Ausdruck sowie an den Verhaltensweisen der Eltern und Kinder aus. Sie orientiert sich nicht an Modellen, Strukturen, Zeitangaben oder Rastern, sondern vielmehr an den Signalen, die die Beteiligten senden. Ähnlich wie im partizipatorischen Eingewöhnungsmodell ist für die bedürfnisorientierte Beziehungszeit deshalb das wahrnehmende Beobachten eine Voraussetzung für die Eingewöhnung (vgl. Alemzadeh 2018).

Das Augenmerk liegt auf den drei Grundpfeilern der bedürfnisorientierten Pädagogik: auf den Gefühlen, Bedürfnissen und Grenzen jedes Einzelnen

(vgl. Wedewardt & Hohmann 2021).

Nicht zuletzt werden auch die **biografischen Erinnerungen** der Beteiligten als relevanter Baustein für eine gelingende Beziehungszeit einbezogen (vgl. Wedewardt & Cantzler 2022). Psychische Gesundheit geht mit der Erfüllung der psychischen Bedürfnisse einher (vgl. Grawe 2004), die somit im Ankommensprozess besonderer Beachtung bedürfen. Auch die Wahrnehmung der individuellen Grenzen trägt zu einer Beziehungszeit bei, die das Wohlbefinden der Beteiligten ins Zentrum stellt. Der Familientherapeut Jesper Juul (2014) nennt diesen Wert der Grenze, der ein gesundes Miteinander ausmacht, „Integrität".

2.2 Das Beziehungsdreieck – alle Beteiligten sind relevant

Die Basis für ein gelingendes Ankommen ist die Beziehung zwischen den Beteiligten. Das Kind hat mit seiner Begleitperson bereits eine Bindung, die Erwachsenen gehen untereinander eine Beziehung ein und die pädagogische Fachkraft baut eine Beziehung zum Kind auf. Als Grundlage dient demnach das Beziehungsdreieck (vgl. Abb. 3) zwischen Kind, pädagogischer Fachkraft und Begleitperson. **Alle drei Beziehungsebenen sind gleich wichtig** für eine gelingende Beziehungszeit. Für den Anfang gibt die Beziehung zwischen der Begleitperson und dem Kind Sicherheit. Die Beziehung zwischen pädagogischer Fachkraft und Eltern wächst und bietet ein Fundament für die Entwicklung der Beziehung zwischen Fachkraft und Kind. Langsam wächst auf dieser Grundlage die Beziehung zwischen pädagogischer Fachkraft und Kind. Diese Beziehung entwickelt sich nach und nach zu einer stabilen Basis, die auch noch trägt, wenn die Begleitperson nicht mehr anwesend ist.

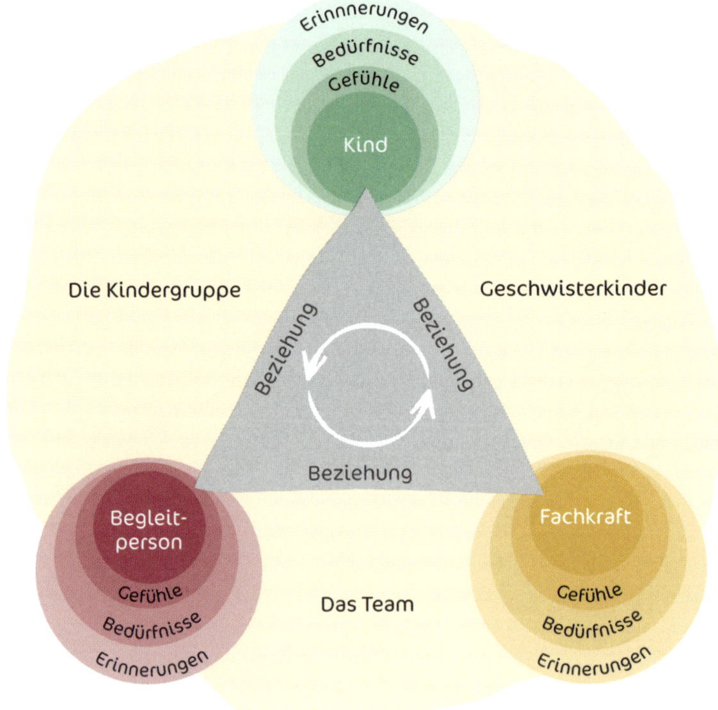

Abb. 3 Das Beziehungsdreieck in der Ankommenszeit

Während des Ankommensprozesses sind die Beteiligten in einem regen **Austausch über das jeweilige Wohlbefinden.** Hauptaugenmerk liegt dabei auf den Gefühlen, Bedürfnissen und Grenzen, die fortwährend kommuniziert werden. Jeder Einzelne im Ankommensprozess bringt seine eigenen Gefühle, Bedürfnisse, Grenzen und Erinnerungen mit, die wahrgenommen und berücksichtigt werden wollen.

Auch wenn die Beziehung zwischen den drei Beteiligten der Ausgangspunkt für die bedürfnisorientierte Beziehungszeit ist, so werden immer auch mögliche **Beziehungen zu Gleichaltrigen, Geschwistern** oder zu anderen Fachkräften mit in Erwägung und als Unterstützung herangezogen. Eine bestimmte Fachkraft ist zwar für die Beziehungsgestaltung verantwortlich, zieht jedoch immer auch die Möglichkeit in Erwägung, dass Kolleg:innen oder auch (Geschwister-)Kinder für die Erfüllung der Bedürfnisse des ankommenden Kindes (z.B. nach Sicherheit) förderlich sein können.

Die zuständige Fachkraft reflektiert immer wieder gemeinsam mit den Begleitpersonen, was im Ankommensprozess guttut, was das Wohlbefinden unterstützt, aber auch, was zur Hemmung führen kann. So kann es sein, dass bestimmte Räume, die Kindergruppe oder auch Geschwisterkinder als Unterstützung hilfreich sein können, um Kindern ihre Bedürfnisse zu erfüllen.

Die begleitende Fachkraft nimmt feinfühlig wahr, was gebraucht wird. In ihrer Haltung strahlt sie Offenheit für die individuelle Persönlichkeit, Geschichte und Kultur jedes einzelnen Beteiligten aus. Auf diese Weise wird es möglich, einen ganz individuellen, passgenauen Ankommensprozess zu gestalten.

2.3 Gefühle sehen, Bedürfnisse benennen

Kommen wir Menschen an einen unbekannten Ort, sind wir mit unterschiedlichen **Gefühlen** konfrontiert. Wir empfinden womöglich Angst und Sorge, fühlen uns orientierungslos, hilflos, eventuell sogar ohnmächtig oder überwältigt. Auf der anderen Seite kann das Neue ein Gefühl von Neugier entfachen und unser Interesse wecken. Die Aufgabe der begleitenden Fachkraft ist es, diese Gefühle der Kinder, der Begleitpersonen und die eigenen Gefühle wahrzunehmen, zu benennen und anzunehmen.

Die pädagogischen Fachkräfte vertreten eine Haltung, die **Gefühlen Raum gibt.**

Die Kinder verinnerlichen den Glaubenssatz: „Alle Gefühle dürfen sein und sind willkommen."

Die Herausforderung besteht für die Fachkraft darin, während des Ankommensprozesses mit sich selbst in Verbindung zu sein, die eigenen Gefühle zu spüren und auch die des Kindes und der Begleitperson wahrzunehmen und zu differenzieren. Durch regelmäßige, bewusste Kontaktaufnahme mit sich selbst, kann sie lernen, welche eigenen Gefühle präsent sind (vgl. Wedewardt & Cantzler 2022): Wie geht es mir selbst, was fühle ich?

Wenn ein Kind weint, weil sich die Begleitperson von ihm verabschiedet, wird sich die Fachkraft fragen: Welche Gefühle kommen in mir auf und wo spüre ich sie? Die Fachkraft kann ihre eigenen Gefühle als Orientierungsmarker nutzen, gleichzeitig sollte sie aufkommende Gefühle auf der Grundlage ihrer eigenen Prägungen reflektieren (siehe Kapitel 8).

Wie bereits erwähnt, weist **jedes Gefühl auf ein Bedürfnis** hin (vgl. Rosenberg 2016, S. 59ff.).

> Gefühle sind Signalgeber, die manchmal auch als Zeichen verstanden werden können, die auf Unstimmigkeiten hindeuten.

Sie zeigen, welche Bedürfnisse relevant sein können, die für die Bewältigung des Übergangs gesehen und erfüllt werden wollen (vgl. Abb. 4). Ist über die körperlichen, mimischen oder gestischen Ausdruckskanäle Angst zu bemerken, kann dieses Gefühl zum Beispiel auf das Bedürfnis nach Sicherheit hinweisen. Wirkt eine Mutter traurig, braucht sie Trost. Ein Vater zeigt durch seine Verhaltensweisen, dass er im Moment orientierungslos ist und somit Führung benötigt. Die Antwort kann in diesem Fall darin bestehen, dass die pädagogische Fachkraft ihm genau erklärt, was er Schritt für Schritt tun kann. Andere Eltern, die Freiheit und Selbstbestimmung benötigen, würde eine solch engmaschige Führung einengen. Ohnmacht und Unsicherheit können den Wunsch nach Kontrolle ausdrücken. Hilflosigkeit und Überwältigung signalisieren etwa das dringende Bedürfnis nach Sicherheit und Geborgenheit. All diese Gefühle und Bedürfnisse können in einem Übergangsprozess, insbesondere im Ankommensprozess, bei allen Beteiligten auftauchen – sowohl bei Kindern, Eltern als auch bei den pädagogischen Fachkräften.

Normalerweise können wir Menschen diese Feinzeichen intuitiv wahrnehmen und darauf reagieren. Für einen professionellen Umgang mit der bedeutsamen Phase der Beziehungszeit sollten pädagogische Fachkräfte jedoch bewusst mit diesen Feinzeichen umgehen und **reflektierte Entscheidungen** treffen.

Zu bedenken ist auch, dass Gefühle und Bedürfnisse nicht nur aus der aktuellen Situation stammen, sondern manchmal auch Erfahrungen aus der Vergangenheit zum Vorschein bringen(vgl. Wedewardt & Cantzler 2022; siehe Kapitel 8 und 9).

2.4 Unterschiedliche Arten, Sicherheit zu empfinden

Jeder Mensch hat die gleichen Bedürfnisse, nur eben **unterschiedliche Strategien,** sie sich zu erfüllen. So lautet auch ein wichtiger Grundsatz der Gewaltfreien Kommunikation (vgl. Rosenberg 2016). Vor diesem Hintergrund gelingt es, so manche, auf den ersten Blick wenig verstehbare Handlung von Kindern oder Eltern besser einzuordnen.

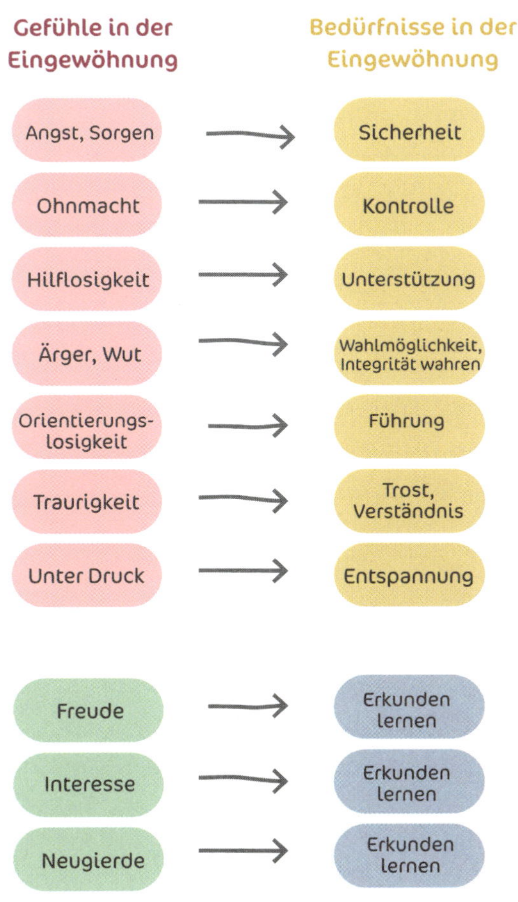

Abb. 4 Gefühle, die auf bestimmte Bedürfnisse in der Eingewöhnungszeit hinweisen

In der Beziehungszeit geht es für Kinder oft um das Bedürfnis nach Sicherheit. Diese Sicherheit können sie zum Beispiel über die zuverlässige Resonanz und Beantwortung ihrer Bedürfnisse durch die pädagogische Fachkraft empfinden (siehe Kapitel 1.1). Je feinfühliger pädagogische Fachkräfte auf die Signale der Kinder eingehen können, desto mehr entsteht beim Kind ein Gefühl von Sicherheit, Zuverlässigkeit und Entspannung. Für die Beziehungszeit bedeutet das, dass individuell beobachtet werden muss, wann und wie die Beteiligten sich sicher fühlen können und wann nicht.

Jedes Kind und jede Begleitperson empfindet Sicherheit auf eine andere Art und Weise. Ein Kind fühlt sich besonders sicher, weil seine Bezugsperson da ist; ein anderes Kind empfindet Sicherheit, weil der Bruder mit im gleichen Raum ist. Das nächste Kind empfindet Sicherheit, wenn es den Tagesablauf bereits gut kennt. Ein weiteres Kind empfindet Sicherheit, wenn es immer im gleichen Raum ist. Manche Begleitpersonen müssen genau wissen, wie die Beziehungszeit abläuft, andere brauchen besonders die Selbst- und Mitbestimmung und wieder andere benötigen viel Bestärkung und Trost.

Wie schnell und auf welche Weise ein Mensch ein Gefühl von Sicherheit entwickelt, kann nicht von außen bestimmt werden. Sicherheit ist ein Gefühl und kein Zustand.

Verschiedene Aspekte von Sicherheit

- Sicherheit durch feste Bezugspersonen
- Sicherheit durch einen bestimmten Raum
- Sicherheit durch wiederkehrende und bekannte Objekte
- Sicherheit durch Struktur und einen gleichbleibenden Ablauf
- Sicherheit durch Rituale
- Sicherheit durch bekannte Gesichter (Kinder, Erwachsene, Freund:innen etc.)
- Sicherheit durch Spiel und Selbstständigkeit

„Unterschiede in der Bewältigung von Übergängen im Kindes- und Erwachsenenalter hängen vorwiegend davon ab, zu welchem Grad die Kinder bzw. Erwachsenen über den Übergang mitbestimmen" (Griebel & Niesel 2004, S. 35). Haben Kinder und ihre Begleitpersonen die Möglichkeit, über ihren Ankommensprozess **mitzubestimmen,** zu zeigen, was ihnen guttut und was eher nicht, werden viele Bedürfnisse erfüllt – das Bedürfnis nach Selbstbestimmung, Mitbestimmung, Kontrolle, Selbstwirksamkeit und Würde. Die ausreichende Befriedigung verschiedener Bedürfnisse ist wiederum notwendige Voraussetzung dafür, dass ein Loslassprozess möglich wird.

Auf dem richtigen Weg

Eine bedürfnisorientierte Beziehungszeit darf leicht sein, natürlich, einfach so, wie es für alle passend ist. Fühlt sich die Situation für Einzelne nicht gut an, sollte etwas verändert werden, fühlen sich hingegen alle wohl und einverstanden mit einem Weg, ist er wohl der richtige.

3 „Die Mutter stillt ja noch!" Verantwortung tragen für die Beziehungsqualität

Beziehungen aufzubauen, zu entwickeln und zu halten ist eine hohe Kunst. Es werden sozial-emotionale Kompetenzen benötigt, die nicht so einfach erlernbar sind. Die Möglichkeit, als pädagogische Fachkraft Sicherheit gebende Beziehungen aufzubauen, hängt von vielen Faktoren ab – von den Rahmenbedingungen und strukturellen Voraussetzungen (z.B. von Personalschlüssel und Gruppengröße), aber insbesondere von den eigenen Erfahrungen

Das Beispiel

Die pädagogische Fachkraft Svenja ist genervt. Der eineinhalbjährige Lutz möchte sich einfach nicht von seiner Mama lösen. Er sitzt seit zwei Wochen während der Eingewöhnung nur auf ihrem Schoß. Svenja berichtet ihrer Kollegin über die unbefriedigende Situation: „Irgendwie ist diese Eingewöhnung echt schwer. Lutz trennt sich nicht, sitzt die ganze Zeit auf Mamas Schoß. Aber irgendwie ist das auch klar! Sie stillt noch und hat eine sehr enge Bindung zu ihrem Kind. Sie kann einfach nicht loslassen. Und ich habe auch gesehen, dass sie den Jungen noch in einer Babytrage transportiert. Da ist es natürlich für uns kaum möglich, Lutz von ihr wegzukriegen. Die beiden sind einfach zu eng, da können wir nichts machen."

Was ist hier passiert?

Svenja möchte die Eingewöhnung voranbringen und kann nicht so genau verstehen, warum sie keinen Schritt vorwärtskommen. Sie weiß sich nicht zu helfen und sieht die **Verantwortung bei der Mutter,** die stillt und ihrer Meinung nach eine zu enge Bindung zu ihrem Kind hat. Svenja meint, dass die Mutter nicht loslassen kann und deshalb die Eingewöhnung nicht gelingt.

Hier ist es wichtig, die Situation **differenziert zu betrachten** und niemandem die Schuld dafür zu geben. Grundsätzlich ist davon auszugehen, dass alle Beteiligten ihr Bestes geben; die Gründe, warum Lutz sich nicht trennen möchte, können äußerst vielfältig sein.

Ein Grund kann tatsächlich sein, dass in der Ankommensphase **Erinnerungen** bei der Mutter hervorgerufen werden, die sie dazu veranlassen, ihr Kind nah bei sich halten zu wollen und die Trennung von ihm zu vermeiden (siehe Kapitel 9). Möglich ist auch, dass sich Svenja und die Mutter von Lutz **nicht sympathisch** sind bzw. die Chemie zwischen Svenja und Lutz nicht stimmt. Es könnte auch sein, dass Lutz sich nicht von seiner Mutter lösen möchte, weil er in der Einrichtung eine Atmosphäre vorfindet, die ihm wenig vertrauenserweckend erscheint. Womöglich hat er **grenzverletzendes Verhalten** beobachtet und (unbewusst) beschlossen, hier nicht zu bleiben, weil es ein unsicherer Ort zu sein scheint. Solche beobachtete Situationen können dazu führen, dass Kinder in der Eingewöhnung keinen Schritt voranschreiten wollen, aus Angst davor, dass das Beobachtete auch für sie selbst eintreten könnte. Darüber hinaus gibt es Kinder, die von ihrer Entwicklung und ihrem Wesen her für den **Krippenbesuch nicht geeignet** sind. Vielleicht ist es ihnen hier einfach zu groß, zu laut, zu offen und zu unübersichtlich?

Mögliche Gründe, warum eine Eingewöhnung nicht voranschreitet

- Zwischen Eltern und Fachkraft oder zwischen Erzieher:in und Kind besteht keine **Sympathie.**
- Bei der Begleitperson treten **unbewusste Erinnerungen** auf, die einen Abschied vom Kind erschweren.
- Den pädagogischen Fachkräften **fehlen sozial-emotionale Kompetenzen,** um Beziehung aufbauen zu können (z.B. aufgrund ihrer eigenen Prägungen oder emotionalen Ressourcen).
- Eine **Atmosphäre der Grenzverletzung** ist in der Gruppe zu spüren und/oder übergriffige Verhaltensweisen sind zu beobachten. Das macht Angst und hemmt das Vertrauen.
- Das **Kind ist nicht bereit,** die Eingewöhnung überfordert es zum aktuellen Stand. Das Ankommen in der Einrichtung sollte auf einen späteren Zeitpunkt verschoben werden.

Ein weiterer Grund für die nicht fortschreitende Eingewöhnung kann darin bestehen, dass Svenja die **Verantwortung für die Beziehungsgestaltung abgibt.** Sie sieht die „Schuld" bei der Mutter. Deshalb kann Svenja ihren eigenen Anteil nicht ausreichend reflektieren. Aufgrund der asymmetrischen Beziehung zwischen Erwachsenen und Kindern, sind es immer die Erwachsenen, die die Verantwortung für die Beziehungsgestaltung tragen (vgl. Juul 2014). Es braucht nicht nur bindungsfähige Menschen, sondern auch Menschen, die gewillt sind und die emotionale Kapazität haben, Bindungen einzugehen.

Eine Beziehung zwischen Lutz und Svenja kann also nur aufgebaut werden, wenn die **aktive Beziehungsgestaltung** von ihr ausgeht, sie Kontakt aufnimmt, die Interessen von Lutz wahrnimmt, versteht und annimmt, aber auch Distanz wahrt, wenn es nötig ist. „ Befinden sich Svenja und

Lutz viele Wochen im gleichen Raum, die Beziehung wird von Svenja jedoch nicht aktiv gestaltet, kann viel Zeit verstreichen und es entsteht dennoch kein Sicherheitsgefühl bei Lutz. „Verhält sich die Bezugsperson im Hinblick auf die Signale des Kindes emotional distanziert und betrachtet sie den Aufbau einer Bindungsbeziehung zum Kind als nicht notwendig, so besteht die Gefahr, dass das Kind eine unsichere Bindung zur Erzieherin aufbaut" (Hédervári-Heller 2011, S. 155). Ausschlaggebend für die Qualität der Beziehung ist dabei die Menge an Interaktionen, die wertschätzend, zugewandt, wohlwollend, ermunternd und positiv verlaufen. Es braucht folglich eine Vielzahl an Interaktionserfahrungen mit Svenja, die feinfühlig sind, um bei Lutz und seiner Mutter ein Gefühl von emotionaler Sicherheit aufzubauen (vgl. Bleicher 2020, S.77). Die Verantwortung für die Qualität der Beziehung sollte von Svenja ausgehen. Es ist nicht die Aufgabe der Mutter und schon gar nicht die Aufgabe von Lutz, die essenzielle, haltgebende Beziehung zu gestalten.

Eine zu enge Bindung gibt es nicht

Die von Svenja benannten Aspekte des Stillens und der zu engen Bindung der Mutter zum Kind können kein Grund dafür sein, dass die Eingewöhnung nicht gelingt. Eine zu enge Bindung gibt es in dem Sinne nicht.

Aus bindungstheoretischer Sicht wird zwischen einer sicheren Bindung und einer unsicheren Bindung unterschieden (vgl. Grossmann & Grossmann 2012/2021). Kinder mit einer **sicheren Bindung** zeichnen sich klassischerweise dadurch aus, dass sie bei Unbehagen ihre verlässliche Basis, ihre Bindungsperson, aufsuchen und so in eine innere Balance zurückkehren können. Das ist ein gesundes Verhalten, das es zu unterstützen gilt. Es kann also sein, dass Lutz eine sichere Bindung zu seiner Mutter hat. Er nutzt sie und das Stillen als Sicherheitsanker. Kinder, die sicher gebunden sind, gehen, entsprechend der Bindungstheorie, auch in die Exploration, sobald sie sich sicher fühlen. Die Sorge, Kinder könnten sich aufgrund einer zu engen Bindung schlechter von der Mutter lösen, ist demnach unbegründet. Kinder, die ein **unsicheres Bindungsmuster** aufweisen, lösen sich dagegen scheinbar leichter. Forschungen zeigen jedoch, dass ihr Stresslevel in angespannten Situationen höher ist als bei sicher gebundenen Kindern (vgl. Grossmann & Grossmann 2012/2021). Daher sollte ihnen ebenfalls Zeit gegeben werden, auch wenn es zunächst so scheint, als würde das Ankommen leichtfallen.

> Ob sich Kinder lösen können, hängt in der Hauptsache von der Beziehungskompetenz der begleitenden Fachkraft ab, aber auch vom jeweiligen Temperament des Kindes.

Schüchterne Kinder brauchen oft länger (vgl. Hummel 2021), sich von den Eltern zu lösen, als offene, zugängliche Kinder. Auch die bisherigen Erfahrungen des Kindes spielen eine Rolle. Hat das Kind Geschwister, war es schon öfter in einer Spielgruppe, ist es viel mit anderen Kindern zusammen, kann es sein, dass es sich leichter lösen kann.

Ein Irrglaube besteht darin, dass pädagogische Fachkräfte erst eine tragfähige Beziehung zum Kind aufbauen können, wenn die Begleitperson gegangen ist und sie an die Kinder „besser herankommen". Die Entwicklung der Beziehung zur Fachkraft kann und sollte entstehen, wenn die Begleitperson anwesend ist.

Zunächst sollte sich im Beisein der Begleitperson Vertrauen aufbauen, eine Beziehung entstehen und dann erst eine Trennung stattfinden.

> Beziehungsgestaltung ist ein Prozess, der von Höhen und Tiefen geprägt ist, der wellenartig verläuft und nicht kontinuierlich.

Stillen als Ressource für die Ankommensphase

Das Stillen ist nicht als hinderlich für das Ankommen einzuschätzen. Ganz im Gegenteil! Das Stillen kann sogar hilfreich sein, um dem Kind eine angenehme Beziehungszeit zu ermöglichen. Auch neben der **Regulationsstrategie** des Stillens sind Kinder dazu in der Lage, neue Beziehungen zu knüpfen und alternative Beruhigungsstrategien zu erwerben. Kinder können lernen, unterschiedliche Beziehungen einzugehen und dabei unterschiedliche Gewohnheiten und Strategien zu entwickeln.

Ist das Ankommen aufregend und herausfordernd, hat das Kind immer wieder die Möglichkeit, eine zwischenzeitliche Beruhigung bei der Mutter zu finden, bevor es wieder in die Exploration geht und die Einrichtung auf der Basis dieses Sicherheit gebenden Ankers kennenlernt. Bindung ist nie einseitig zu betrachten als etwas, das nur mit Sicherheit, Nähe und Rückversicherung verbunden ist. Es geht auch immer darum, das Bedürfnis der Autonomie und des Erkundens auszuleben.

Spielt ein Kind, ist es dennoch auch auf der Suche nach Sicherheit und Rückversicherung.

> Die beiden Bedürfnisse der Bindung und der Autonomie sind immer präsent, wechseln sich ab und fließen zeitweilig ineinander über.

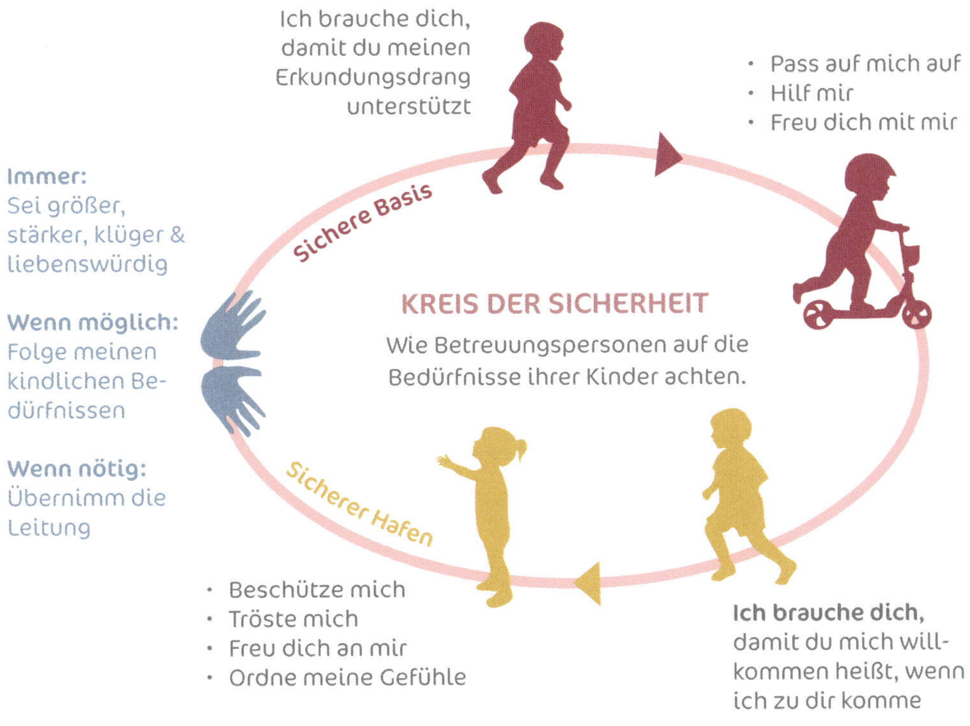

Abb. 5 Der Kreis der Sicherheit nach Powell u.a. (2015)

Mit dem **Kreis der Sicherheit** von Powell, Cooper, Hoffmann und Marvin (2015, S. 52) lässt sich noch einmal vergegenwärtigen, warum ein Kind trotz des Stillens in der Eingewöhnung nicht ausschließlich bei der Mutter bleibt: Ausgehend von ihrer sicheren Basis wollen Kinder grundsätzlich Neues kennenlernen. Im Kreis der Sicherheit geht das Kind mit einem sicheren Gefühl im Beisein der Mutter langsam in die Exploration, es nähert sich zum Beispiel spielenden Kindern, um anschließend wieder in den sicheren Hafen zurückzukehren, sich zu beruhigen und aufzutanken. Anschließend, wenn das Körpersystem wieder in einer inneren Balance ist, ist ein neuer Erkundungsgang möglich. So lässt sich das Stillen als etwas begreifen, das die sichere Basis des Kindes definiert. Es ist unerheblich, ob der beruhigende Ort der begleitenden Bezugsperson mit dem Stillen verbunden wird oder „nur" mit Kuscheln oder unterstützendem Zusprechen. Das Stillen ist eine Form der Beruhigung. Wenn das Kind während der Beziehungszeit in der Einrichtung immer wieder die Mutter sucht, ist das gesund und hilfreich für das Ankommen.

Stillen ist auch deshalb so gewinnbringend, weil dabei das Hormon Oxytocin sowohl beim Kind als auch bei der Mutter ausgeschüttet wird. Das **Hormon Oxytocin** wirkt als Gegenspieler zum Cortisol, dem Stresshormon (vgl. Streit & Jansen 2016). Weil die Beziehungszeit für Mutter und Kind meist aufregend ist, kann das Stillen zu einer zwischenzeitlichen Regulation von Stresshormonen führen und die Beziehungszeit somit angenehmer gestalten. Auch Kuscheln, Blickkontakt und wohlwollendes Zureden fördert die Oxytocin-Ausschüttung.

Laut der Weltgesundheitsorganisation (WHO) wird das **Stillen zwei Jahre und länger** empfohlen. Weil sich viele Eltern daran orientieren, ist davon auszugehen, dass einige Mütter während eines Ankommensprozesses in einer Kita oder Krippe stillen. Diese Tatsache sollte als Bereicherung für das Ankommen verstanden werden und nicht als Hindernis. Svenja kann das Stillen der Mutter somit als Unterstützung sehen, statt es als Grund für die schwierige Eingewöhnung heranzuziehen. Wenn diese Handlung in der Einrichtung kritisch gesehen und für eine nicht gelingende Beziehungszeit verantwortlich gemacht wird, führt das nur häufig dazu, dass Mütter das Stillen verheimlichen.

Was kann Svenja stattdessen tun?

Um eine tragfähige Beziehung zum Kind aufzubauen, ist es wichtig, zunächst einmal die **Verantwortung für die Beziehungsgestaltung** zu übernehmen. Svenja ermöglicht es auf diese Weise der Mutter und Lutz, die Beziehungszeit mitzugestalten und mitzubestimmen, überträgt ihnen jedoch nicht die Verantwortung für die Beziehungsgestaltung. Die pädagogische Fachkraft ergreift die Initiative und gestaltet die Beziehung zu Lutz und seiner Mutter aktiv. Gelingt es Svenja, sich auf die Gefühle und Bedürfnisse der beiden einzustellen, deren Gefühle wahrzunehmen und ihnen zu folgen, können Vertrauen und ein Gefühl von Sicherheit entstehen. So können Lutz und seine Mutter erfahren: „Hier werden wir gesehen, hier dürfen wir sein, wer wir sind. Hier geht es uns gut, hier werden wir angenommen."

Grundlage, um dieses Gefühl aufzubauen, ist ein responsives Handeln. Das bedeutet: Svenja kann Lutz und seine Mutter wahrnehmend beobachten, bemerkt ihre (Fein-)Signale und kann passend darauf reagieren.

Sensitive Responsivität, um Beziehung zu gestalten

Aufbauend auf dem Feinfühligkeitskonzept von Mary Ainsworth entwickelte Regina Remsperger (2011) differenzierte Merkmale, die eine hohe sensitive Responsivität und damit einen sensitiven Beziehungsaufbau kennzeichnen. Relevant ist dabei, wie zugänglich, aufmerksam, interessiert und ruhig Svenja auf Lutz und seine Mutter zugeht. Wichtig ist ebenso, ob sie ihnen Wertschätzung entgegenbringt, ihre Persönlichkeiten annimmt und ihre Gefühle spiegelt. Es kommt darauf an, ob Svenja und ihr Team ein Klima der emotionalen Wärme schaffen können und wie gut sie die Lerninteressen und Motivationen des Kindes erkennen und darauf eingehen können.

Merkmale von Beziehungsgestaltung

Zugänglichkeit: Interesse, Ruhe, Muße, Offenheit, abwartend, Raum für das Kind schaffen

Aufmerksamkeit: bewusstes Wahrnehmen und Verfolgen des kindlichen Tuns, seiner Interessen, Aussagen und Motive; aktives Zuhören, ohne zu unterbrechen

Akzeptanz und Wertschätzung: die Persönlichkeit des Kindes, seine Gefühle, Sichtweisen und Äußerungen akzeptieren und wertschätzen

Interesse: den Gefühlen und Bedürfnissen des Kindes mit Interesse begegnen und passend darauf reagieren; die Autonomie des Kindes ermöglichen und unterstützen

Involvement: Die pädagogische Fachkraft ist innerlich beteiligt an den Freuden und Interessen des Kindes und lässt sich darauf ein; sie wird auch ihre eigene Freude darüber zum Ausdruck bringen

Emotionales Klima: Die Atmosphäre in der Kita ist wohlwollend, Freude und Begeisterung werden zum Ausdruck gebracht und die kindlichen Emotionen empathisch begleitet; auch schwere Gefühle bekommen ihren Platz

Stimulation: Die Fachkraft regt das Kind zum Nachdenken an, fragt nach, gibt Impulse zum Lernen, die an die kindlichen Interessen angepasst sind

Ausdruckskanäle: Alle Merkmale drücken sich über die vier Sinneskanäle Sprache, Stimme, Mimik und Körper aus; es ist also wichtig, was gesagt wird, wie der Stimmklang ist, welche Mimik zu sehen ist und was der Körper kommuniziert

(vgl. Remsperger 2011)

Um responsiv und **verantwortlich Beziehung zu gestalten,** kann Svenja die folgenden Fragen reflektieren, die das Kind unbewusst an sie stellt (vgl. Remsperger 2011):

- Kennst du mich und meine Interessen?
- Hörst du mir zu und reagierst du auf mich?
- Kann ich dir vertrauen?
- Ermunterst du mich, über Neues nachzudenken?
- Unterstützt du mich, ein Teil der Gruppe zu sein?

Um Beziehung zu gestalten, kann Svenja sich ganz auf Lutz einstellen. Das bedeutet: Sie schwingt emotional mit ihm, versprachlicht, was er tut, was er fühlt und was seine Absicht sein könnte. **Svenja folgt Lutz** und orientiert sich an seinen Feinzeichen. Sie nimmt wahr, was ihm Spaß macht, was ihm Sicherheit gibt und was er braucht, statt zu verlangen, dass er ihr folgt.

Begleitende Worte während des Beziehungsaufbaus

- „Du schaust so zu den Lichtern. Möchtest du sie mal betrachten?"
- „Jetzt gehst du zu den Pferden. Die findest du spannend, oder?"
- „Du möchtest wieder zu Mama zurück. Das gibt dir Sicherheit."
- „Ich bleibe hier und warte auf dich. Dann können wir gleich weiter mit den Pferden spielen."
- „Du schaust mich skeptisch an. So richtig sicher fühlst du dich noch nicht. Nimm dir die Zeit, die du brauchst"
- „Du sitzt lieber bei Mama. Dort fühlst du dich sicher und kannst dich umsehen."
- „Du klammerst dich ganz fest an Mama. Du scheinst Angst zu haben. Ich gebe dir Raum und gehe nur so weit mit, wie du das willst!"

Vorausgesetzt, Svenja gestaltet die Beziehung zu Lutz und seiner Mama responsiv und verantwortungsbewusst, sollte sie nun auf **Ursachenforschung** gehen, um herauszufinden, aus welchem Grund Mutter und Kind keine Sicherheit aufbauen können und somit keinen Abschied wagen wollen. In einem Gespräch mit der Mutter können beide gemeinsam erörtern, woran es liegt, dass der Abschied so schwerfällt.

Svenja sollte reflektieren, ob sie Lutz und seine Mama mag oder eher unsympathisch findet. Wenn das der Fall ist, sollte sie in Erwägung ziehen, im Team neue Bezugspersonen zuzuordnen.

Ist eventuell ein Setting-Wechsel möglich? Mutter und Sohn könnten für die Beziehungszeit in eine andere Gruppe gehen oder den Zeitraum der Beziehungszeit verschieben. Vielleicht kann Lutz sich leichter lösen, wenn er am Nachmittag, wenn nicht mehr so viele Kinder da sind, in die Kita kommt? Auch die Option, dass Lutz einfach noch nicht bereit ist für den Krippenbesuch, sollte in die Überlegungen mit einbezogen werden. Immer wieder kann Svenja überlegen, welche Art von Sicherheitsanker Lutz guttut und was ihm Sicherheit geben könnte (siehe Seite 31).

Grundsätzlich ist es also wichtig, den Fokus weniger auf die Anbahnung von Trennungen zu legen als vielmehr auf die Entwicklung von Beziehung und die Gestaltung von Abschieden.

Die wichtigste Kompetenz pädagogischer Fachkräfte ist die Beziehungskompetenz.

Die Qualität der Beziehungen zwischen pädagogischen Fachkräften und Kindern hat in den Einrichtungen oberste Priorität. Denn es sind tragfähige Beziehungen, die zum Wohlbefinden und zur Entspannung der Kinder im Kita-Alltag führen und die es ihnen ermöglichen, ihre Rechte wahrzunehmen. Ist nicht ausreichend Beziehungskompetenz vorhanden, bedarf es grundsätzlich einer beruflichen Umorientierung.

4 „Das machen wir hier so!" Wenn Eingewöhnungsmodelle zum Hindernis werden

Eingewöhnungsmodelle bieten **Strukturen und zeitliche Vorgaben,** die es einfach machen, Ankommensprozesse einheitlich und bewusst zu gestalten. Die pädagogische Praxis zeigt jedoch, dass es genau das ist, was auch zu Schwierigkeiten führen kann. Sie können Anlass dazu geben, zu starr und zu wenig individuell vorzugehen.

Das Beispiel

In der Kita „Die lustigen Frösche" wird seit langem mit dem Berliner Modell eingewöhnt. Seit wenigen Monaten wird zusätzlich auch das Peergroup-Eingewöhnungsmodell herangezogen. Die zweijährige Frea und der eineinhalbjährige Linus befinden sich seit nun zwei Tagen mit zwei anderen Kindern in der gemeinsamen Peer-Eingewöhnung. Frea sagt immer wieder „Frea schon groß" und erläutert, dass Papa gehen kann und sie alleine in der Kita bleiben möchte. Die Fachkräfte Joe und Arina meinen jedoch, dass der Abschied nach so kurzer Zeit noch nicht vorgesehen sei und entsprechend des Berliner Eingewöhnungsmodells erst am nächsten, am dritten Tag stattfinden dürfe.

Gleichzeitig bereiten Joe und Arina die Mutter von Linus auf die erste Trennung am dritten, also am nächsten Tag vor, damit die Eingewöhnung im Peermodell parallel ablaufen kann. Die Mutter hat kein gutes Gefühl dabei, da Linus sich bisher keinen Schritt von ihr weg wagt. Er wirkt ihrer Einschätzung nach noch mit der gesamten Situation überfordert. Sie macht sich Sorgen und spricht mit den Fachkräften darüber. Die Mutter erfährt im Gespräch: „Ja, das machen wir hier so. Wir haben noch mehr Eingewöhnungen, die wir diesen Monat schaffen müssen. Die Eingewöhnungsmodelle sind erprobt, vertrauen Sie uns! Linus soll sich ja nicht daran gewöhnen, dass Sie da sind."

Was ist hier passiert?

Die pädagogischen Fachkräfte Joe und Arina der Kita „Die lustigen Frösche" orientieren sich an der Peergroup-Eingewöhnung und dem Berliner Eingewöhnungsmodell. Sie gewöhnen mehrere Kinder entsprechend des Peergroup-Modells gleichzeitig ein und gehen vom Ablauf her nach dem Berliner Modell vor, das sie schon lange nutzen. Die **Modelle geben ihnen Halt.** Joe und Arina halten sich Schritt für Schritt an die genauen Vorgaben. Ihrer Erfahrung nach funktioniert das gut. Der Ablauf lässt sich kleinteilig mit den Eltern besprechen, und es gibt keine Überraschungen. Gerade in Zeiten des Personalmangels und der Krisen kann das Festhalten an Modellen Sicherheit und Kontinuität vermitteln.

Doch gilt es zu bedenken: Die pädagogischen Fachkräfte Joe und Arina verlieren aufgrund ihrer Fixierung auf das Modell den wahrnehmenden, beobachtenden Blick für die einzelnen Menschen.

Zu starr und schematisch

Die Entwickler:innen von Eingewöhnungsmodellen sind sich einig darüber, dass ein Modell immer individuell an die einzelne Familie angepasst und nicht starr verfolgt werden darf. Auch die Begründer:innen des Berliner Eingewöhnungsmodells schreiben: „Es darf nicht als ein mechanisch anzuwendendes Rezept missverstanden werden. Es kann und soll das pädagogisch verantwortliche Handeln der Erzieherinnen unterstützen, nicht ersetzen. Jede Entscheidung über Ablauf und Dauer der

Eingewöhnungszeit muss als vorläufig betrachtet werden und durch das Verhalten des Kindes korrigierbar bleiben" (Laewen & Hédervári-Heller 2007, S. 12f.).

> Es wird schwierig, wenn Eingewöhnungsmodelle zu starr angewandt und insbesondere, wenn sie falsch verstanden werden.

Auch wenn in allen Modellen davon gesprochen wird, dass individuell auf das Kind eingegangen werden soll, sind fast alle Modelle von einem genauen Ablaufplan bestimmt. Das partizipatorische Eingewöhnungsmodell (vgl. Alemzadeh 2023) ist eines der wenigen Modelle, das nur ein grobes Phasenmodell ohne jegliche Zeitangabe als Grundlage nimmt. Bei anderen Modellen, zum Beispiel beim Berliner Eingewöhnungsmodell, sind zum Teil exakte zeitliche Vorgaben zu finden, an denen sich die Eingewöhnung orientiert. Wie in unserem Beispiel thematisiert, soll die erste Trennung am dritten Tag stattfinden.

Genaue Richtlinien können für eine individuelle Beziehungszeitgestaltung unter bestimmten Umständen hinderlich sein. Ebenso schwierig wird es, wenn **Eingewöhnungsmodelle falsch interpretiert** werden. Das Peergroup-Eingewöhnungsmodell hat das Ankommen mehrere Kinder gleichzeitig als Grundlage, dennoch sollen immer auch die Zeichen der einzelnen Kinder für die Gestaltung beobachtet und individuell reagiert werden (vgl. Cantzler 2022).

Auch wenn die Modelle einen standardisierten Eingewöhnungsprozess vorsehen, wird dies in der **Praxis bisher sehr unterschiedlich gehandhabt** (vgl. Griebel & Niesel 2016, S. 104). Das ist ein Problem, denn: Einerseits werden Eingewöhnungsprozesse trotz der Modelle unterschiedlich gehandhabt und andererseits führt die starre Anwendung von Modellen mancherorts zu einer wenig flexiblen Eingewöhnungspraxis. Die Eingewöhnungsmodelle werden als Argument dafür genutzt, den Verlauf einer Eingewöhnung zu bestimmen. Dabei übersehen die pädagogischen Fachkräfte jedoch die individuellen Bedürfnisse der Beteiligten und verhindern somit ein bedürfnisorientiertes Ankommen.

Individuelle Bedürfnisse und Wesensmerkmale einbeziehen

Weil Joe und Arina in unserem Beispiel zu stark an den Modellen festhalten wollten, konnten sie nicht wahrnehmen, dass der Eingewöhnungsplan sowohl für Frea als auch für Linus nicht passt. Die Signale und damit die individuellen Bedürfnisse der Kinder zeigen: Frea wollte gerne frühzeitig eine Trennung wagen, während Linus nicht bereit dazu war, den ersten Abschied nach dem dritten Tag zu versuchen. Auch seine Mutter fühlte sich nicht wohl damit, was sich daran ablesen lässt, dass sie ihr Unbehagen gegenüber den Fachkräften Joe und Arina formulierte.

Eine Schwierigkeit von Eingewöhnungsmodellen besteht darin, dass eine bestimmte Ausrichtung nicht für alle Kinder und Eltern anwendbar ist.

Es gibt Kinder, die es lieben, von Beginn an im Getümmel zu sein und alle Spielsachen im gesamten Haus auszukundschaften. Andere Kinder wiederum benötigen unbedingt eine einzige Fachkraft, die ihnen Halt gibt. Für diese Kinder sind individuelle Einzelbindungen unglaublich wichtig. Manchen Kindern geben die Abläufe in der Einrichtung Halt. Andere Kinder brauchen einen sicheren, räumlichen Ort, von dem aus sie alles beobachten können (z.B. in einer Babytrage auf dem Rücken einer bestimmten Fachkraft). Ein Kind möchte unbedingt schnell zum Bruder, der auch in der Einrichtung ist, weil ihm das Halt gibt. Ein anderes Kind braucht einen ruhigen Nebenraum alleine mit einem anderen Kind und einer pädagogischen Fachkraft, um Sicherheit zu finden. Manche Kinder zeigen, dass sie schnell viele Stunden in der Kita bleiben mögen, anderen reichen 30 Minuten Schnupperzeit, die nur sehr langsam ausgedehnt werden kann.

Das Gleiche gilt für die Begleitpersonen. Manche benötigen Zeit, um sich nach und nach mit der Einrichtung, ihren Menschen und den Abläufen vertraut zu machen. Bei anderen wiederum geht das ganz schnell. Das ist in Ordnung, denn jeder Mensch ist anders.

Diese Unterschiedlichkeit von Menschen, ihre unterschiedlichen genetischen Voraussetzungen und kulturellen Prägungen, wird bisher nur selten in Ankommensprozessen berücksichtigt – entweder aufgrund von unzureichenden Rahmenbedingungen, Unwissenheit, oder weil die Modelle zu streng angewandt oder falsch interpretiert werden. Um der Individualität von Menschen gerecht werden zu können, braucht es deshalb eine **bedürfnisorientierte Begleitung** im Ankommensprozess.

Jedes Kind braucht seine individuelle Zeit und seinen individuellen Rahmen.

Betrachtet man nur die hirnorganischen Anlagen von Menschen, sind diese bereits als sehr divers anzusehen. Expert:innen sprechen deshalb in diesem Zusammenhang auch von **Neurodiversität.** Auf dem Symposium für Neurodiversität wurde dieser Begriff im Jahr 2011 das erste Mal verwendet.

Was ist Neurodiversität?

Neurodiversität bedeutet, dass alle Menschen unterschiedliche neuronale Voraussetzungen haben, die bestimmen, wie ihr Gehirn funktioniert, wie sie denken, lernen, mit anderen in Kontakt treten und wie sie Informationen verarbeiten. (vgl. Honeybourne 2019, S. 13).

Stellen wir uns einmal vor, wir hätten alle ein Sieb auf dem Kopf. Manche der Siebe haben größere Löcher. Durch die größeren Sieblöcher dringen mehr Informationen aus der Umwelt, z.B. Stimmungen, Gefühle, Geräusche, ins Innere des Gehirns. Das führt dazu, dass diese Menschen schneller überreizt sind. Menschen mit feinerem Sieb nehmen hingegen nicht so viele Reize wahr, sind deshalb aber auch weniger schnell überfordert mit der Verarbeitung. Inzwischen werden nicht nur Menschen mit Autismus und ADHS, sondern sämtliche Persönlichkeitseigenschaften als eine Form genetischer und neuronaler Ausprägung verstanden. Auch sensible Kinder oder Kinder mit einer starken emotionalen Verarbeitungsweise werden hier dazugezählt. Entlastend an der Betrachtung von Menschen als neurodivers ist, dass jeder Mensch in seiner Weise richtig ist und nur unterschiedliche neuronale Voraussetzungen auf die Welt mitbringt. Das gilt auch für das Erleben eines Ankommensprozesses.

Unterschiedliche Theorien wollen aufzeigen, welche Persönlichkeitstypen es gibt. Bei Kindern wird zum Beispiel von **Löwenzahn- und Orchideenkindern** gesprochen. Der Psychiatrieprofessor Thomas Boyce fasst in seinem Buch „Orchidee oder Löwenzahn?: Warum Menschen so unterschiedlich sind und wie sich alle gut entwickeln können" (2019) die Ergebnisse seiner Forschungen zusammen:

Orchideen-Kinder zeichnen sich demnach dadurch aus, dass sie sensibel, feinfühlig und zurückhaltend sind. Der Begriff ist bewusst gewählt, denn ihre Persönlichkeit gleicht einer Orchidee: Die Kinder bedürfen einer besonderen Pflege, denn Orchideen benötigen genau die richtige Menge Wasser, Nährstoffe und Licht, um wachsen und gedeihen zu können. Die sogenannten Löwenzahn-Kinder zeigten sich in stressigen Situationen hingegen robust, wenig irritierbar, widerstandsfähig und stabil, eben wie Löwenzahngewächse. Umweltfaktoren irritieren diese Pflanze weniger.

Hier handelt es sich sicherlich um eine stark vereinfachte und pauschalisierende Darstellung, die in ihrem Entweder-oder nicht dabei unterstützt, Kinder individuell zu betrachten und bedürfnisorientiert im Ankommensprozess zu begleiten. Dennoch können die Bilder helfen, um zu verstehen, warum manche Kinder in der Beziehungszeit eine intensivere Zuwendung brauchen als andere.

Um die Unterschiedlichkeit von Kindern noch besser verstehen zu können, soll auch das Konzept der **Hochsensibilität** angeführt werden. Es wird angenommen, dass 15 bis 20 Prozent der Menschen eine Hochsensibilität aufweisen und damit eine besondere seelische und sensorische Empfindsamkeit mitbringen (vgl. Kunay 2022, S. 84). Kinder mit diesen Wesensmerkmalen verarbeiten Informationen tiefer, spüren Emotionen intensiver und nehmen Sinneseindrücke stärker wahr. Das kann zu einer schnelleren Überreizung des Nervensystems führen.

Hochsensible Kinder bedürfen in der Ankommenszeit also einer besonderen Zuwendung und Feinfühligkeit.

In anderen **Temperamentstheorien** wird von „einfachen", „langsam auftauenden" und „schwierigen Kindern" gesprochen (vgl. Thomas & Chess 1991). Da diese Einteilung bereits eine Wertung enthält, ist sie wenig hilfreich, um offen und ressourcenorientiert auf Kinder in der Ankommensphase zu blicken. Sie unterstreicht jedoch die Annahme, dass es Kinder gibt, denen Übergänge einfach fallen, und Kinder, die mehr Zeit benötigen – nur aufgrund ihres angeborenen Temperaments.

„Emotional verletzliche und sozial schüchterne Kinder brauchen mehr Zeit, um sich in der ungewohnten Umgebung mit der neuen Bezugsperson und den noch unbekannten anderen Kindern wohl und sicher zu fühlen" (Bensel u.a. 2020, S. 13).

Alles in allem ist es also wichtig, anzunehmen, dass jedes Kind von Geburt an bereits **genetisch und hirnorganisch unterschiedliche Voraussetzungen** und Eigenschaften mitbringt. Allein aus diesem Grund empfiehlt es sich, eine individuelle Eingewöhnungsbegleitung zu gestalten und keine modellhafte. Es geht also nicht darum, alle gleich zu behandeln – auch nicht Frea und Linus –, das wäre nicht gerecht. Es geht vielmehr darum, jedem so zu begegnen, wie er es braucht.

Hinzu kommt, dass auch pädagogische Fachkräfte und Eltern bestimmte **Persönlichkeitseigenschaften** aufweisen können, die konträr zu denen des Kindes sind. Ist ein Kind hochsensibel, die Fachkraft jedoch eher von der Sorte „Löwenzahn", kann es sein, dass die Begleitung in der Beziehungszeit scheitert, weil die Persönlichkeiten nicht zusammenpassen. Auch das sollte in der Gestaltung von Ankommensprozessen bedacht werden. Je nachdem, welche Persönlichkeitsmerkmale Kinder und ihre Begleitpersonen zeigen, benötigen auch sie Unterschiedliches.

Missachtete Autonomiebestrebungen

Frea zeigt mit ihren Worten deutlich, dass sie alleine in der Einrichtung bleiben möchte, auch wenn noch nicht der dritte Tag erreicht ist. Joe und Arina übergehen dieses deutliche Autonomiesignal und nehmen ihr damit die Chance, Wirksamkeitserfahrungen zu machen. Es kann sein, dass Frea dadurch eine Enttäuschung und einen Kontrollverlust erlebt, der sich negativ auf den Verlauf der Beziehungszeit niederschlägt. Frea könnte sich in ihrer Meinung nicht ausreichend gesehen und ernst genommen fühlen. Das Ignorieren ihres Autonomiestrebens kann sogar als adultistisch, also Kinder diskriminierend, eingestuft werden (vgl. Richter 2013).

„Linus soll sich nicht daran gewöhnen, dass Sie da sind!"

Dass ein Kind sich daran gewöhnen könnte, wenn die Mutter zu lange dabeibleibt, entstammt alten erzieherischen Glaubenssätzen, die ihren Ursprung im Behaviorismus haben. Die **behavioristische Lerntheorie** geht davon aus, dass sich belohntes Verhalten verstärkt und bestraftes Verhalten abmildert. Diese Lerntheorie, die überwiegend an Ratten und Hunden erprobt wurde, wurde abgelöst von Bedürfnistheorien, der Bindungstheorie und dem Wissen über neuronale Zusammenhänge.

Ein Bedürfnis ist nur so lange aktiv, bis es ausreichend gestillt ist.

Haben Kinder in der Beziehungszeit ein starkes Bedürfnis nach Beziehung und Sicherheit, gibt ihr Organismus das klare Zeichen, dass etwas unsicher ist und sie Sicherheit suchen sollten. Dann wäre es verheerend, ihnen genau diese Möglichkeit zu nehmen. Andersherum wird sich Linus von seiner Mutter wegbewegen, sobald er ein ausreichendes Sicherheitsgefühl empfindet, zum Beispiel durch den Kontakt und die neue Beziehung zur pädagogischen Fachkraft.

Darüber hinaus muss natürlich konstatiert werden, dass die Aussage „Linus soll sich nicht daran gewöhnen, dass Sie da sind!" unprofessionell ist. Sie verunsichert die Begleitperson, nimmt sie in ihren Gefühlen nicht ernst und ist somit keinesfalls im Sinne einer guten Erziehungs- und Bildungspartnerschaft.

Was können Joe und Arina stattdessen tun?

Um für alle Beteiligten passende Beziehungszeiten gestalten zu können, sollte die Kita sich **nicht auf ein Modell der Eingewöhnung versteifen.** Orientierungspunkte stellen vielmehr die Signale, die das Kind und seine Begleitperson senden, dar. Diese (Fein-)Zeichen lassen unterscheiden zwischen „Ich bin noch unsicher" oder „Ich fühle mich schon wohl". Dabei dürfen auch die **individuellen Persönlichkeitsmerkmale,** Temperamente, Eigenheiten und Erfahrungen der beteiligten Personen nicht aus den Augen verloren werden. „Die pädagogische Aufgabe in Transitionsprozessen ist [...] nicht zu klassifizieren, sondern Temperamentsunterschiede zu erkennen und zu akzeptieren. Denn ein wichtiges Kriterium für das Wohlbefinden eines Kindes [...] ist die Art, wie Eltern und andere Bezugspersonen auf die vom Temperament beeinflussten Bedürfnisse des Kleinkindes eingehen (Griebel & Niesel 2016, S. 58).

Ein **sensibles Kind** wie Linus braucht eine wesentlich langsamere, behutsamere Beziehungszeit als ein Kind wie Frea, das von seinen Wesensmerkmalen her offen und wie ein „Löwenzahn" ist. Jedem Kind und jeder Begleitperson sollte seine/ihre Persönlichkeit zugestanden und in der Beziehungszeitgestaltung berücksichtigt werden.

Die Bedürfnisse aller Beteiligten sind relevant.

Auch einer sensiblen Mutter oder einem sensiblen Vater wird die Möglichkeit eingeräumt, die Beziehungszeit langsamer zu gestalten, auch wenn ihr Kind womöglich ein Löwenzahn-Kind ist.

Eine flexible, bedürfnisorientierte Eingewöhnungsgestaltung

Ein Jahr später, nachdem sich die Kita „Die lustigen Frösche" intensiv mit dem Thema „Beziehungszeit" beschäftigt hat, versucht das Team, die Bedürfnisorientierung nun immer mehr in der Einrichtung umzusetzen. Das bedeutet: Joe und Arina üben, die Beziehungszeit **flexibel zu gestal-**

ten und an den Bedürfnissen der Beteiligten auszurichten. Sie haben erkannt, dass starre Zeitpläne nicht hilfreich sind, um der Individualität der einzelnen Beteiligten gerecht werden zu können. Sie variieren je nach Kind und stellen ihm zum Beispiel eine bestimmte ausgewählte Bezugsperson verlässlich zur Seite. Es kann auch sein, dass ein Kind eine Eule ist und morgens lange schlafen möchte. Hier wird die Möglichkeit angeboten, die Ankommensphase besser auf eine **spätere Uhrzeit** zu verlegen. Eventuell ist ein Kind mit anderen Kindern so gerne intensiv zusammen, dass die Fachkraft nur nebenher Beachtung findet. In diesem Fall würde eine einzelne Eingewöhnung im Nebenraum dem Kind und seinen Bedürfnissen nicht gerecht werden. Auch die **Dauer** der Anwesenheit in der Einrichtung verallgemeinert das Team nicht. Möchte ein Kind bereits nach zehn Minuten nach Hause, kann ein anderes Kind, wenn es möchte, gleich zwei Stunden bleiben. Ein Kind liebt den Gruppenraum und ein anderes den Garten. Ist die Beziehungszeit für ein sensibles Kind im Garten am Nachmittag womöglich schwer auszuhalten, mag ein anderes nur deshalb in die Einrichtung kommen. Auch den Zeitpunkt des Abschieds variiert das Team je nach Kind und Begleitperson (siehe Kapitel 5).

Bei Frea und Linus hätte das Team auf der Basis seines neuen Wissens in ähnlicher Weise verfahren können: Joe und Arina ermöglichen Linus, zwei Wochen in Anwesenheit der Mutter in der Einrichtung zu verbringen, bevor er dem ersten Abschied zustimmt. Frea hingegen darf gleich am zweiten Tag allein in der Einrichtung bleiben, wobei ihr Vater am sechsten Tag wieder dazukommen soll und darf.

Um bedürfnisorientiert arbeiten zu können, benötigt es der **Strukturflexibilität** und kreativer Lösungen, die sich an den Bedürfnissen der Beteiligten ausrichten. Ziel sollte es immer sein, dass es allen Beteiligten mit der Gestaltung gutgeht und alle Gefühle und Bedürfnisse ernst genommen werden. Das Wohlbefinden hat oberste Priorität. Wenn Frea sich damit wohlfühlt, einen frühen Abschied zu gestalten, ermöglichen Joe und Arina das. Zeigt Linus über seine Signale deutlich, dass er noch nicht für einen Abschied bereit ist, sollte auch das berücksichtigt werden.

Jeder bekommt die Zeit, die er braucht

Stress ist in der Ankommenszeit die schlechteste Voraussetzung für eine gelingende Eingewöhnung.

Was also ein gutes Eingewöhnungskonzept auszeichnet, ist „nicht, den Blick auf den Kalender zu richten, sondern individuell auf das Kind und das Verhalten der Eltern zu schauen" (Bensel u.a. S. 12). Jede Eingewöhnung verläuft individuell und so bedarf es auch einer individuellen und flexiblen Zeitplanung.

Druck hemmt das Ankommen, das Wohlfühlen und das Loslassen-können.

Das **Tempo des Ankommens sollten die Beteiligten bestimmen,** in unserem Beispiel Frea und Linus, die Mütter, Fachkraft Joe und Fachkraft Arina. In einem engen Austausch werden auftretende Gefühle und Bedürfnisse kommuniziert und daraus abgeleitete Schritte abgewogen. Die Fachkraft überprüft anhand ihrer Beobachtungen immer wieder: Geht es dem Kind gut? Geht es der Begleitperson gut? Was fühlt das Kind und was die Begleitperson? Und sie sollte sich ebenfalls fragen: Wie geht es mir selbst aktuell in der Beziehungszeit? Daran richten sich das Handeln und letztlich auch die Abschiedsgestaltung aus (siehe Kapitel 5).

Auch wenn die Rahmenbedingungen, krisenhafte Zeiten, viele Kinder in einer Gruppe oder der hohe Lärmpegel eine bedürfnisorientierte Beziehungszeit erschweren können, so ist es doch möglich, sich Zeit zu lassen, zu entzerren und Tempo herauszunehmen. Wenn es manchmal leider gar nicht so ist: „Tut so, als hättet ihr alle Zeit der Welt", sagt die Kindheitspädagogin und Krippenerzieherin Fea Finger in ihrem Podcast „Fea's naive Welt". Das nimmt zumindest gefühlsmäßig den Druck. Macht der Träger Druck oder wollen Eltern frühzeitig gehen, ist es die Aufgabe der Leitung, klar Stellung zu beziehen und im Sinne des Kindeswohls zu argumentieren. In der Beziehungszeitenplanung sollte immer genügend Zeit pro Kind vorgesehen sein.

Wird einem Kind viel Zeit gegeben, um sich mit den Abläufen, den Personen und den Räumlichkeiten vertraut zu machen, ist die Chance größer, dass es sich auch später in der Einrichtung wohlfühlt.

Finden Trennungen zu früh statt, zeigen Kinder mehr anstrengendes, weinerliches und unkooperatives Verhalten.

Kurze Ankommenszeiten scheinen zunächst effektiver zu sein. Dem ist jedoch nicht so! Wird eine Trennung vollzogen, obwohl das Kind nicht dazu bereit ist, hat das ganz pragmatisch gesehen einen erhöhten Betreuungsaufwand für die pädagogischen Fachkräfte zur Folge. Unsichere, weinende und klammernde Kinder aufgrund einer nicht ausreichend lang gestalteten Ankommensphase können eine große Belastung für die Fachkräfte bedeuten. Wurde jedoch genügend Zeit für die Anfangsphase eingeplant und bereits im Vorhinein mit den Eltern festgelegt, kann ein Kind besser ankommen und ist folglich auch im Kita-Alltag ausgeglichener. Unter Umständen kann es durchaus ein halbes bis ganzes Jahr dauern, bis Kinder richtig angekommen sind. Das sollte in der Planung berücksichtigt werden.

Frea darf mitbestimmen

Die pädagogischen Fachkräfte Joe und Arina bemerken die Autonomiesignale von Frea und gehen darauf ein. Sie beschließen gemeinsam, wie sie den Papa verabschieden, und sagen „Tschüss". Frea ist sichtlich stolz und fühlt sich wirksam und groß. Der Eintritt in den Kindergarten bedeutet für sie einen wichtigen Meilenstein in ihrer Autonomieentwicklung. Sie kann sich dabei einige Bedürfnisse erfüllen wie Selbstwirksamkeit, Selbstbestimmung, Mitbestimmung, Selbstwert und Kontrolle.

Joe und Arina gehen nun natürlich nicht davon aus, dass die Beziehungszeit für Frea abgeschlossen ist. Sie betrachten diesen Abschied als Teil des Ankommensprozesses. Deshalb besprechen sie mit dem Vater, dass er nicht lange wegbleibt und sich nicht zu weit entfernt, damit Frea die Möglichkeit hat, es sich anders zu überlegen. Frea bestimmt den Moment des Abschieds, die Erwachsenen halten jedoch immer auch die

Möglichkeit bereit, wieder „zurückzurudern“. Joe und Arina wissen, dass das Ankommen **kein kontinuierlich fortschreitender Prozess** sein muss.

Das Team hat sich erst kürzlich darüber ausgetauscht, dass es sich von den Eingewöhnungsmodellen mit ihren aufeinander aufbauenden Phasen lösen und auch „Rückschritte” als mögliche Option offenhalten will. Wenn Frea gleich zu Beginn einen Abschied probieren möchte, bedeutet das nicht, dass sie nach einer Woche doch noch einmal ihren Vater dabeihaben mag (siehe Kapitel 12). Frea sollte als Gestalterin ihrer Beziehungszeit verstanden werden, gerade auch, wenn sie „zurückrudert“. Dazu benötigt das Team intensive Reflexionen und die Veränderung von Glaubenssätzen, wenn diese beinhalten, dass Eingewöhnungen voranschreiten sollen. So können Vorwürfe wie „Du hast doch gesagt, dass Papa gehen soll! Nun kommt er auch nicht mehr wieder!” vermieden werden. Doch auch, wenn Frea mitbestimmen darf: Die Verantwortung dafür, dass alle ihre notwendigen Bedürfnisse erfüllt werden, tragen immer noch die Erwachsenen.

5 „Jetzt spielt er, nun können Sie gehen“ Den Abschiedsmoment passend gestalten

Lieber kurz und schmerzlos! – so heißt es oft, wenn es um den Moment des Abschieds geht. Dieser Satz sagt aus, wie ein Abschied für die Beteiligten sein kann: schmerzhaft, angstbesetzt, gar bedrohlich. Die entscheidende Frage lautet nun: Wie kann dieser erste Abschied in der Kita gestaltet werden, damit er nicht schmerzhaft sein muss? Wie kann ein Abschied so verlaufen, dass er für alle Beteiligten als etwas erscheint, das annehmbar, kontrollierbar oder sogar schön sein kann? Wie kann der Abschied gestaltet werden, damit sich alle dabei wohlfühlen?

Das Beispiel

Der eineinhalbjährige Oskar und seine Oma befinden sich seit einer Woche in der Eingewöhnung. Bisher saß Oskar viel in der Nähe seiner Oma, meist auf ihrem Schoß, und beobachtete das Geschehen. Als er sich nun das erste Mal von seiner Oma weg wagt und dann ganz vertieft in ein Spiel ist, meint Fachkraft Lutzie: „So, jetzt spielt er gerade so schön, nun können sie mal für zehn Minuten rausgehen!” Die Oma ist etwas überrumpelt, schaut unentschlossen, geht aber letztendlich. Oskar bemerkt kurze Zeit später, dass seine Oma plötzlich nicht mehr da ist, und beginnt zu weinen. Lutzie nimmt ihn auf den Arm, obwohl er Zeichen zeigt, dass er zur Tür laufen möchte. Die Fachkraft setzt sich mit Oskar auf das Sofa, drückt ihn an sich und spricht ihm gut zu. Doch Oskar zeigt deutlich, dass er vom Schoß herunter möchte. Er weint bitterlich. Wie vereinbart, kommt die Oma nach zehn Minuten wieder zurück, nimmt ihren schluchzenden Enkel auf den Arm und tröstet ihn.

Was ist hier passiert?

Lutzie geht von der Annahme aus, dass die erste Trennung stattfinden kann, wenn das Kind spielt. Daran orientiert sie sich. Sie übersieht dabei, dass sowohl die Oma als auch das Kind noch nicht für den Abschied bereit sind. Wenn Kinder von selbst in die Exploration gehen, wird das immer wieder missverstanden, und schnelle, lange Trennungen sind die Folge. Das Vertrauen, das sich eigentlich aufbauen soll, wandelt sich mit einer solchen Abschiedsgestaltung schnell in Misstrauen. Es braucht mehr als ein spielendes Kind, bevor eine erste Verabschiedung stattfinden kann. Grundlage ist eine sichere, verlässliche Beziehung. Statt zu schauen, wann eine Trennung möglich ist, sollte Lutzie sich eher darauf konzentrieren, Vertrauen und eine sichere Beziehung zu Oskar aufzubauen.

Fachkraft Lutzie bestimmt den Trennungsmoment

Eine Trennung durchzuführen, weil Oskar gerade das erste Mal spielt, ist genauso wenig dienlich wie eine erste Trennung immer am dritten Tag. Um zu entscheiden, wann eine erste Trennung stattfinden kann, sollten immer alle Beteiligten „gefragt" werden. Lutzie bestimmt in diesem Beispiel den Abschiedsmoment alleine und **überrumpelt** damit Oskar und seine Oma. Vermutlich aus einer Routine heraus oder auch aus Unsicherheit orientiert sich Lutzie nur an dem nun spielenden Kind. Viele Eltern wissen selbst gut, wann ihr Kind zu einem Abschied bereit ist. Ihr Bauchgefühl zeigt ihnen aber auch: Eigentlich darf ich jetzt nicht gehen. Manchmal kommt es in der Praxis jedoch vor, dass der Druck von außen dazu führt, dass Eltern aus Überforderung und Unwissenheit trotzdem gehen, obwohl ihr Gefühl etwas anderes sagt. So auch bei Oskars Oma.

Sind Beteiligte an der Eingewöhnung nicht bereit für die Trennung oder wurden sie, wie in unserem Beispiel, nicht darauf vorbereitet, kann es zu einer Überforderung kommen. Oskar zeigt, dass er Lutzie **noch nicht als Bindungsperson** akzeptiert hat. Sie möchte ihn trösten, er sendet jedoch deutliche Signale, dass er von ihrem Schoß herunter, zur Tür und damit zu seiner Oma möchte. Das ist ein klares Zeichen dafür, dass Oskar in der Kita noch keine Sicherheitsbasis entwickeln konnte.

Zu frühe Trennung als Bruch

Finden Trennungen zu früh statt, kann es sein, dass die Anfangseuphorie eines Kita-Starts schnell verfliegt. Werden erste Trennungen als Brüche erlebt, ist mit dem Abschied eine **negative Erfahrung** verbunden. Abschiede in Krippe, Kita oder Kindertagespflege fühlen sich dann nicht gewinnbringend, förderlich und bewältigbar an, sondern unangenehm, angsteinflößend oder sogar überwältigend.

Oskar wird durch die erste Trennung einem **großen Stresserleben** ausgesetzt. Weint er nun zehn Minuten lang und seine Oma hört das im Flur, kann das für beide traumatisch sein. Kommt sein Nervensystem durch das Ohnmachtsgefühl in eine Übererregung (siehe Stress-Toleranz-Fenster, Seite 12), die er nicht regulieren kann, kann sich diese Erfahrung als traumatisch in seiner Erinnerung abspeichern. Nur dieser eine Abschiedsmoment kann also dazu führen, dass Abschied und Trennung nun mit Angst und Unwohlsein verbunden sind. Wie intensiv diese Gefühle abgespeichert sind, hängt von individuellen psychischen Schutzfaktoren (Resilienz) und Rahmenbedingungen wie etwa der Verfügbarkeit einer anderen Fachkraft ab. Lutzie sollte es nicht als Erziehungsziel sehen, dass Oskar sich an diese Ängste gewöhnt. So würde sie eine erlernte Hilflosigkeit fördern, die auch massive Aggressionen aus Angst zur Folge haben können (vgl. Bensel u.a. 2020, S. 11).

Die Konsequenz aus der ersten Trennung könnte nun sein, dass Oskar viel klammert, seiner Oma nicht mehr von der Seite weicht; steht seine Begleitperson nur kurz auf, könnte das bei ihm Angst und Weinen auslösen. Sein Vertrauen ist verlorengegangen. Eine einzige schmerzhafte Trennungserfahrung kann, je nach Voraussetzungen, eine ganze Ankommensphase negativ beeinflussen, und es erfordert große Mühe, um diese Erfahrung wieder zu überschreiben.

Wiederholen sich solche Trennungen von den primären Bezugspersonen, ohne dass eine ausreichend sichere, regulierende Ersatzperson anwesend ist, zu der das Kind Vertrauen hat, kann das sowohl physiologische als auch psychologische Folgen haben. Es können vermehrt Kummerreaktionen und depressive Symptome auftreten, eine erhöhte Krankheitsanfälligkeit, verringertes Spiel, Ess-, Schlaf- oder Verhaltensprobleme sind festzustellen (ebd., S. 12).

Wenig Feinfühligkeit hemmt den Vertrauensaufbau

Der erste Abschied erfordert besondere Feinfühligkeit von Lutzie, denn nun ist sie der **Sicherheitsanker** für Oskar. Wie sie auf seine Signale reagiert, zeigt ihm, ob er ihr vertrauen kann. Dieser erste Abschied ist auch für Lutzie nicht einfach, und so tut sie, was ihr Handlungsrepertoire und ihre Glaubensmuster zulassen: trösten. Oskar zeigt jedoch ganz klare Zeichen einer Grenze. Sein Bedürfnis ist nicht Trost, sondern Distanz und Bindung. Sein Bindungssystem ist hoch aktiviert und steuert deutlich zu seiner Oma, die sich hinter der Tür befindet. Er zeigt klar, dass er nicht auf Lutzies Arm, stattdessen viel lieber zur Tür möchte. Das Festhalten ist folglich eine (unbeabsichtigte) Grenzüberschreitung (vgl. Ferber 2022, S. 40), denn Lutzie reagiert nicht auf Oskars Signale. Auch der deutliche Hinweis von Oskar, dass er nicht mit dem Weggehen der Oma einverstanden ist und sie suchen möchte, entgeht Lutzie. Sie ist für ihn da, gibt ihr Bestes und versucht, ihn zu trösten. Das ist jedoch nicht, was Oskar nun braucht. Sie handelt nicht ausreichend feinfühlig. Zum Aufbau einer verlässlichen Beziehung und von Vertrauen ist Lutzies Verhalten wenig dienlich. Oskar wird verinnerlichen: „Sie versteht mich nicht, sie weiß nicht, was ich brauche. Das ist für mich hier nicht sicher!"

Ohne Verabschiedung geht es nicht

Etwas überrumpelt verlässt die Oma, ohne sich zu verabschieden, den Raum. Beide Erwachsenen schienen mit der Situation überfordert zu sein, und so folgt die Oma, ohne zu überlegen, den Anweisungen von Lutzie. Dieses „Rausschleichen" ist für Oskar auf mehreren Ebenen nicht zu verstehen, löst große Angst aus und missbraucht sein Vertrauen.

Damit ein Abschied für Oskar **absehbar und kontrollierbar** bleibt, braucht er eine klare Verabschiedung durch seine Oma. Ein Rausschleichen ohne Verabschiedung scheint zwar auf den ersten Blick den Schmerz zu reduzieren. Jedoch wird Oskar die Möglichkeit genommen, mitzubestimmen, seinen Gefühlen aktiv Ausdruck zu verleihen und damit tatsächlich mit dem Abschied umzugehen und die entstehenden **Gefühle zu verarbeiten.** Kann Gefühlen aktiv Ausdruck verliehen werden, können sie besser integriert und verarbeitet werden (vgl. Siegel & Bryson 2017).

Um mit seinen Gefühlen umgehen zu können, braucht Oskar einen Menschen, bei dem er sich sicher fühlt und der ihn co-regulieren kann. Das vermag zu diesem Zeitpunkt Lutzie noch nicht, sondern nur seine Oma. Um das zu bemerken, braucht es Selbstreflexion und Feinfühligkeit und das Vertrauen, dass es gut ist, wenn die Fachkraft den Bedürfnissen des Kindes folgt und vermeintlich nicht vorwärts kommt, weil sich dahinter eben doch ein Gewinn für die Beziehungszeit ergibt. Auf diese Weise erfährt Lutzie nämlich, dass sie Oskar geben kann, was er braucht. Und Oskar verinnerlicht: „Auch wenn es mir nicht gutgeht, bekomme ich, was ich brauche; die Erwachsenen nehmen mich ernst." Auf diese Weise entsteht eine positive Erfahrung im Zusammenhang mit dem Ankommen und dem Abschied.

Was kann Lutzie stattdessen tun?

Lutzie begreift den ersten Abschied als etwas Bedeutsames, das gut geplant und abgewogen sein will. Die Entscheidung für einen Abschied möchte sie nicht aus dem Affekt heraus treffen. Vielmehr möchte sie die erste Trennung in guter Absprache mit den Beteiligten, insbesondere mit der Oma, langsam anbahnen. Lutzie ist es wichtig, dass nicht nur Oskar, sondern auch die Oma die Chance bekommt, sich seelisch auf den Abschied einzustellen. Lutzie weiß, dass der erste Abschiedsmoment Oskar in Erinnerung bleibt und die **Weichen für eine gelingende oder miss-**

lingende Ankommenszeit stellen kann. Der erste Abschied gibt Oskar Informationen darüber, ob er Lutzie vertrauen und sich bei ihr sicher fühlen kann.

Lutzie möchte den ersten Abschied nicht, wie sie es früher in der Ausbildung gelernt hat, exakt am dritten Tag vollziehen, und auch nicht dann, wenn Oskar das erste Mal freier spielt. Sie möchte den Zeitpunkt bei achtsamer Beobachtung individuell ausloten. Im Partizipatorischen Eingewöhnungsmodell (vgl. Alemzadeh 2023) wird zum Beispiel **keine Trennung vor der zweiten Woche** empfohlen. Wenngleich Lutzie diese Angabe als Richtwert nutzt, möchte sie jedoch den Zeitpunkt für jede Familie neu abwägen und das Ankommen bedürfnisorientiert begleiten.

Um eine tragfähige Beziehung aufbauen zu können, werden je nach Persönlichkeit und Alter des Kindes mindestens zwei bis drei Wochen benötigt. Davor kann von einer Beziehung nicht die Rede sein.

In einem Punkt ist sich Lutzie aber ganz sicher: Eine Beziehung, die emotional sicher ist, kann nicht innerhalb einer Woche entstehen.

Abschied statt Trennung

Denkt man an das Wort „Trennung“, ist damit eine Handlung verknüpft, die das Kind passiv erlebt.

Findet jedoch ein „Abschied“ statt, ist das etwas, das in Beziehung geschieht, durch zwei Subjekte, in Gegenseitigkeit. Das Kind und die Begleitperson werden dabei als Teil der Beziehung gesehen und nicht als Objekt, das einer Trennung ausgeliefert ist. Hinzu kommt, dass Bindungsbeziehungen wie ein imaginäres Band verstanden werden, das über Zeit und Raum fortbestehen kann (vgl. Grossmann & Grossmann 2012/2021). Folglich sind die Begleitperson und das Kind nie voneinander „getrennt“, sie sind innerlich immer noch verbunden. Sie verabschieden sich lediglich für eine gewisse Zeit in dem Vertrauen, wieder zueinander zu kommen.

Signaltabelle für die Abschiedsentscheidung

	Zeichen, die GEGEN einen ersten Abschied sprechen		Zeichen, die FÜR einen ersten Abschied sprechen	
Kategorie	**Kind**	**Begleitperson**	**Kind**	**Begleitperson**
Aufmerksamkeitsfokus	Beobachtet aus sicherer Entfernung, Aufmerksamkeit stark auf die Begleitperson gerichtet	Richtet die Aufmerksamkeit stark auf das Kind und/oder beobachtet das Geschehen und die Fachkraft genau	Wenig Aufmerksamkeit für die Begleitperson	Aufmerksamkeit weicht häufig vom Eingewöhnungssetting ab (liest z.B. ein Buch), möchte etwas anderes tun
Kontakt mit pädagogischer Fachkraft	Nimmt wenig Kontakt auf	Nimmt wenig oder besonders viel Kontakt auf (z.B. häufige Fragen)	Nimmt regelmäßig Kontakt auf (Blickkontakt, verbalen Kontakt, emotionalen Kontakt), nimmt ihm angebotene Spielgegenstände an	Weniger Kontakt, entspannte Interaktionsweise
Kontakt mit anderen Kindern	Nimmt kaum Kontakt auf	Nimmt eventuell viel Kontakt auf	Nimmt regelmäßig Kontakt auf	Reduziert eventuell ihre Kontaktversuche
Anspannungslevel	Wirkt insgesamt angespannt	Wirkt insgesamt angespannt	Wirkt insgesamt entspannt	Wirkt insgesamt entspannt
Zeichen von Anspannung und Wohlbefinden: **Autonomes physiologisches System** (vgl. Derksen & Lohmann 2013)	Blasse, rote oder fleckige Gesichtsfarbe, unruhige Atmung, Atem anhalten, hecheln, häufiges Husten, verschlucken	Blasse, rote, oder fleckige **Gesichtsfarbe,** unruhige **Atmung,** Atem anhalten, häufiges **Husten,** verschlucken	Rosige **Haut,** gut durchblutet, ruhige, gleichmäßige **Atmung,** geöffnete Hände, entspannter Kiefer, Schultern entspannt, offene **Körperhaltung**	Rosige **Haut**, gut durchblutet, ruhige, gleichmäßige **Atmung**, geöffnete Hände, entspannter Kiefer, Schultern entspannt, **offene Körperhaltung**
Zeichen von Anspannung und Wohlbefinden: **Motorisches System** (ebd.)	Hohe **Muskelspannung,** geballte Fäuste, gestreckte Finger, schnelle, hektische **Bewegungen, erstarrte** Körperhaltung	Hohe **Muskelspannung,** geballte Fäuste, verschränkte **Körperhaltung,** verschränkte Beine und Arme, Schultern hochziehen, Zähne aufeinander pressen	Mittlere **Muskelspannung, Bewegungen** sind ruhig, gleichmäßig und flüssig	Mittlere **Muskelspannung, Bewegungen** sind ruhig, gleichmäßig und flüssig
Zeichen von Anspannung und Wohlbefinden: **Interaktion** (ebd.)	Wendet sich ab, vermeidet **Blickkontakt,** zugekniffene Augen, blinzeln, Augen reiben, starrt vor sich hin, Augen aufgerissen, ängstlicher/ärgerlicher **Gesichtsausdruck**	Wendet sich ab, vermeidet **Blickkontakt,** zugekniffene Augen, blinzeln, Augen reiben, starrt vor sich hin, Augen aufgerissen, ängstlicher/ärgerlicher **Gesichtsausdruck**	Nimmt **Blickkontakt** auf, offene, wache Augen, direkt, anschauen, sucht aktiv Blickkontakt zur Fachkraft, lächelt, wirkt neugierig, offen, interessiert, weicher, leicht geöffneter **Mund,** leicht hochgezogene Augenbrauen	Nimmt **Blickkontakt** auf, offene, wache Augen, direkt, anschauen, lächelt, wirkt neugierig, offen, interessiert, weicher, leicht geöffneter **Mund,** leicht hochgezogene Augenbrauen

	Zeichen, die GEGEN einen ersten Abschied sprechen		Zeichen, die FÜR einen ersten Abschied sprechen	
Kategorie	**Kind**	**Begleitperson**	**Kind**	**Begleitperson**
Kommunikationsverhalten	Schreien, Weinen, Rufen, „Nein" sagen, Gesten wie Kopfschütteln, abwehrende Handbewegung, versteckt sich	Stellt viele kritische Fragen, will viel wissen oder ist stumm	Kopfnicken, Lautäußerungen „Ja" „Mhm", plappert, stellt viele Fragen, reger Austausch	Entweder entspannte Gespräche oder hält sich mit Gesprächen zurück
Nutzung von Beruhigungsstrategien	Häufig: Schnuller nuckeln, Daumenlutschen, andere Gegenstände in den Mund nehmen, häufiger Stillwunsch, viel Körperkontakt zur Begleitperson suchen, sich zurückziehen	Häufiges Trinken, Lippen knabbern, Fingernägel knabbern, unruhiges Hin-und-Herrutschen, häufiges Aufstehen, Umherlaufen	Seltene Nutzung von Beruhigungsstrategien	Seltene Nutzung von Beruhigungsstrategien
Emotionaler Ausdruck	Quengelt, jammert, weint, zeigt Emotionen wie Angst, Traurigkeit, Hilflosigkeit, Unruhe und Ärger oder zeigt wenige Gefühle	Zeigt Emotionen wie Angst, Hilflosigkeit, Traurigkeit, Unruhe und Ärger oder flach im Gefühlsausdruck	Lächeln, Lachen, Jauchzen, Schmunzeln, zeigt häufig Gefühle von Neugier, Interesse, Lust, Erregung und Freude, bringt seine Gefühle zum Ausdruck	Lächeln, Lachen, zeigt Gefühle von Neugier, Interesse und Freude
Bewegung im Raum	Hält sich immer im selben Raum auf	Möchte im Raum bleiben	Wechselt die Räume	Möchte aus dem Raum gehen
Spielverhalten	Spielt kaum	Spielt mit dem Kind	Spielt ausgiebig, häufig und über einen längeren Zeitraum ohne die Begleitperson	Spielt nicht mit dem Kind
Grad der Rückversicherung	Immer wieder suchende Blicke in Richtung der Begleitperson, häufiges Zurücklaufen, sucht immer wieder kurz Körperkontakt zur Begleitperson		Nur noch seltener Blick zur Begleitperson oder seltenes Zurücklaufen	
Essverhalten	Möchte nichts essen, stochert im Essen herum, Aufmerksamkeit geht häufig weg vom Essen, möchte häufig aufstehen		Isst entspannt und mit Freude, zeigt Zeichen, dass die Fachkraft Essen (mit einem Löffel) reichen darf, macht z.B. bereitwillig den Mund auf	
Pflegeverhalten	Möchte ausschließlich von der Begleitperson gewickelt werden, will nicht auf die Toilette gehen, nur die Begleitperson darf mitgehen (Feinzeichen beachten!)	Möchte das Wickeln noch übernehmen, das Kind zur Toilette begleiten	Lässt sich von der Fachkraft wickeln und stimmt dem ausdrücklich zu, geht gerne auf die Toilette, die Fachkraft darf das Kind begleiten (Feinzeichen beachten!)	Möchte das Wickeln an die Fachkraft übergeben

Zeichen für den Abschied beachten

Lutzie möchte sich von Eingewöhnungsmodellen und Rastern lösen. Seit sie das beschlossen hat, kann sie ihre Augen weiten für das, was sie wirklich wahrnimmt. Sie **beobachtet** nur, lässt sich auf die Familie ein und schwingt emotional mit ihr. Lutzie weitet für die gesamte Ankommenszeit ihre Sinne und ihr Herz, um die Zeichen und Signale von Oskar und seiner Oma wahrnehmen zu können.

Die Fachkraft nutzt das, was sie beobachtet, als Grundlage, um den Zeitpunkt für die erste Verabschiedung zu erspüren.

Dabei stellt Lutzie sich immer wieder folgende Fragen: Wie sicher fühlt sich Oskar? Nimmt er mit mir Kontakt auf? Wie häufig möchte er sich noch bei seiner Oma rückversichern? Geht er auch mit mir mit, wenn ich ihm anbiete, mit in den Nebenraum zu kommen oder bleibt er dann lieber bei seiner Oma? Lässt er sich auch von mir helfen, trotz der Anwesenheit seiner Oma? Wie ist sein Gefühlsausdruck? Zeigt er viele lustvolle, freudige, interessierte Gefühle oder noch Angst? Auch die Verhaltensweisen und **Körperzeichen der Begleitperson** sind relevant: Wie entspannt sitzt sie da? Wie stark ist ihr Fokus auf Oskar gerichtet? Wirkt sie gestresst? Ist ihre Körperhaltung offen und einladend oder hält sie zum Beispiel längere Zeit die Arme verschränkt? Zeigt sie Stresszeichen wie Lippen aufeinanderpressen, Lippen lecken oder häufiges Schnäuzen? Wie ist ihre Atmung, und wie ist ihr Gesichtsausdruck?

Ob ein erster Abschied für alle in Ordnung ist, kann Lutzie an sogenannten **Signalkategorien** (siehe die folgende Tabelle) erkennen. Sie nimmt dabei Oskars Spielverhalten, seine Verweildauer bei ihr, seinen Aufmerksamkeitsfokus, sein Kontaktverhalten mit ihr, sein Kontaktverhalten mit den anderen Kindern, sein Anspannungslevel, Stresszeichen, seinen emotionalen Ausdruck, seine Körperzeichen, sein Kommunikations- und Reaktionsverhalten und den Grad der Rückversicherung in den Blick. Lutzie achtet darauf, wo Oskar sich Unterstützung holt, wenn er Hilfe braucht, wie sein Essverhalten ist und wie er sich in Pflegesituationen verhält. Lutzie hat sich fachlich damit beschäftigt, woran zu erkennen sein könnte, ob ein Abschied angemessen oder unangebracht ist.

Je nachdem, welche Zeichen sie beobachtet, kann Lutzie feststellen, wie sicher sich Oskar und seine Oma fühlen und folglich, wie bereichernd ein erster Abschied für beide sein kann. Entscheidend ist dabei auch, wie **häufig und ausgeprägt** Signale auftreten, die für einen ersten Abschied sprechen. Das, was Lutzie beobachtet und (mithilfe der Tabelle) einschätzt, sollte sie immer wieder **mit der Oma besprechen** und sich deren Sicht auf die Situation einholen. Sie kennt ihren Enkel am besten und weiß, wie sich Oskar verhält, wenn er sich wohlfühlt. Eine Frage kann also sein: „Wie verhält sich Oskar gerade, anders als zuhause oder genauso wie zuhause?" Denn zeigt ein Kind Verhaltensweisen, die ihm entsprechen, ist das ein gutes Zeichen. Weicht sein Verhalten jedoch stark von dem, das es zuhause zeigt, ab, könnte das gegen einen Abschied sprechen.

Den Zeitpunkt des ersten Abschieds bestimmen alle gemeinsam

Lutzie hat auf der Grundlage der Feinzeichen entschieden, dass es bald zu einem ersten Abschied kommen könnte. Ihr ist es aber wichtig, dass **alle Beteiligten einem ersten Abschied zustimmen:** Oskar, seine Oma und natürlich auch sie selbst. Es kann zum Beispiel sein, dass Oskar nun für den Abschied bereit ist, seine Oma jedoch noch nicht. Weiter ist es möglich, dass seine Oma und Oskar bereit sind, Lutzie jedoch spürt, dass sie an dem Tag wenige emotionale Ressourcen zur Verfügung hat, um den Abschied passend zu begleiten.

Um **die Zustimmung der Oma** einzuholen, ist Lutzie im kontinuierlichen Gespräch mit ihr. Lutzie fragt Oskars Oma immer wieder:

- Wie geht es Ihnen momentan mit der Beziehungszeit?
- Wie sicher fühlen Sie sich schon in der Einrichtung?
- Wie schätzen Sie Oskar ein, wie geht es ihm? Auf einer Skala von 1 bis 10 – wie sicher fühlt er sich schon bei uns?
- Auf einer Skala von 1 bis 10 – wie viel Vertrauen können Sie mir bereits entgegenbringen?
- Fühlen Sie sich bereit für eine erste Verabschiedung?

Lutzie reflektiert auch ihre eigene innere **Zustimmung als Fachkraft.** Sie fragt sich zum Beispiel selbst:

- Wie geht es mir heute? Wie fühle ich mich?
- Bin ich emotional in der Lage, einen Abschied zu begleiten?
- Wie sind die Rahmenbedingungen, lassen sie einen ersten Abschied zu?
- Traue ich Oma und Kind einen ersten Abschied zu?

Die **Zustimmung des Kindes** holt Lutzie ein, indem sie überwiegend Signale aus der Spalte „Zeichen, die FÜR einen ersten Abschied sprechen" beobachtet hat. Je nach Alter kann das Kind auch direkt gefragt werden: „Darf die Oma mal auf die Toilette gehen und ich bleibe solange bei dir und wir spielen mit der Puppe weiter?" Wenn Oskar nickt, ist das eine Einwilligung, wenn er den Kopf schüttelt, eine eindeutige Ablehnung. Wenn er bei dieser Frage auf Omas Arm möchte, ist das auch ein eindeutiges Zeichen gegen eine Trennung. Bleibt er offen, freundlich, der Fachkraft zugewandt und entspannt, ist das seine Art zu sagen: „Das ist o.k. für mich!"

Sind alle Beteiligten für den ersten Abschied bereit, wird er entweder **spontan** in einem passenden Moment durchgeführt oder auf einen bestimmten Tag geplant. Den ersten Abschied auf einen bestimmten Tag zu planen sollte mit Vorsicht betrachtet werden, da in diesem Moment erneut die Bereitschaft aller vorhanden sein muss. So kann es sein, dass das Kind an diesem Tag nicht so gut drauf ist oder sich wieder mehr bei der Oma aufhält als sonst. Immer wieder ist zu betonen, dass Kinder sich in Trennungsmomenten aufgrund ihrer unterschiedlichen Temperamente, unterschiedlichen Trennungserfahrungen und unterschiedlichen Tagesformen auch sehr unterschiedlich verhalten. Es braucht immer wieder ein neues, individuelles Hinschauen.

Sind sich alle sicher, dass der Abschied **an einem bestimmten Tag** stattfinden soll, kann das Kind darauf vorbereitet werden: „Heute bringe ich dich wieder zu Lutzie. Sie freut sich schon auf dich. Dann sage ich ´Tschüss´ und du darfst noch mit Lutzie spielen. Danach komme ich wieder und hole dich ab. Das wird schön!" Es hilft dem Kind, wenn Eltern und die Begleitperson Zuversicht und Freude vermitteln. Sätze wie „Du brauchst keine Angst haben, nicht traurig sein" sollten vermieden werden; darauf könnte Lutzie ebenfalls hinweisen.

Den Abschiedsmoment gestalten

Lutzie möchte Abschiede nicht dramatisieren und Oskar und seiner Oma ein Gefühl von Natürlichkeit vermitteln. Verläuft der Abschied so, als wären sie daheim und die Oma ginge kurz auf die Toilette, kann das Kind selten etwas Komisches daran finden. Merkt Oskar jedoch, dass dieser Abschied etwas Großes ist, wird er entsprechend darauf reagieren. Abschiede, die künstlich und „aufgebauscht" stattfinden, irritieren Kinder, das weiß Lutzie.

Ist der Moment gekommen, sagt Lutzie mit ruhiger, unaufgeregter, motivierender Stimme: „Oskar, die Oma geht mal eben auf die Toilette. Sie kommt gleich wieder. Solange spielen wir weiter, o.k.?" Gibt Oskar über Feinzeichen seine Zustimmung, verabschiedet sich die Oma kurz und sagt zum Beispiel: „Tschüss Oskar, bis gleich, spiel ruhig mit Lutzie!"

> Ein guter Abschiedsmoment ist, wenn das Kind spielt, bereits längere Zeit mit der pädagogischen Fachkraft interagiert und dabei positive Emotionen und Körperreaktionen zeigt.

Weint Oskar dennoch, wenn seine Oma zur Tür hinausgeht, sollte sie erst einmal nicht zurückkehren, sondern abwarten. Sie schenkt Lutzie das Vertrauen, dass diese Oskar trösten kann. Lutzie bleibt ruhig und versucht, Oskar zu trösten. Weil die beiden eine solide Beziehung aufgebaut haben, nimmt Oskar den Tröstungsversuch wohl an. Lutzie bietet ihm einen Platz auf ihrem Schoß an und spricht liebevoll mit ihm. Oskar beruhigt sich nach kurzer Zeit, denn er fühlt sich mittlerweile sicher bei Lutzie und hat Vertrauen aufgebaut. Als Oskar sich beruhigt hat, zeigt er auf das begonnene Spiel, und es gelingt ihm, sich zu regulieren, zu entspannen, gemeinsam mit Lutzie weiterzuspielen und auf die Oma zu warten. **Weint Oskar jedoch bitterlich** und lässt sich nicht auf den Arm nehmen, trösten und läuft stattdessen zur Tür, folgt Lutzie ihm. Sie sagt: „Oh, du läufst zur Tür. Du suchst deine Oma, stimmt's? Komm, wir gehen sie suchen. Soll ich dich auf den Arm nehmen und wir suchen sie gemeinsam?" Oskar nimmt dieses Angebot an und hört sofort auf zu weinen. Er merkt sich: „Lutzie versteht mich und weiß, was ich brauche." Das schafft Vertrauen und ist eine wichtige Investition für den darauffolgenden Abschied. Lutzie sieht diesen Abschiedsversuch nicht als Scheitern an, sondern als Teil des Ankommensprozesses, der wellenartig und nicht linear verläuft (siehe Kapitel 11).

Lässt sich Oskar von Lutzie trösten und spielt mit ihr weiter, ist nun die Frage, wie er reagiert, wenn die Oma wiederkommt. Empfängt er sie mit offenen Armen, freut er sich, ist er angeregt, möchte ihr eventuell zeigen, was er gespielt hat, ist das ein gutes Zeichen dafür, dass Oskar den Abschied als etwas Bereicherndes erlebt hat.

> „Entscheidend für die Einschätzung des Trennungsverlaufs ist nicht die Trennungssituation selbst, sondern das Verhalten des Kindes vor und nach der Trennung"
> (Winner & Erndt-Doll 2009, S. 59).

Den Abschied als etwas Bereicherndes erleben

Entscheidend bei einem ersten Abschied ist es für Lutzie, dass Oskar ihn als etwas **Positives** erlebt. Oskar soll die Erfahrung machen können, dass der Abschied von seiner Oma mitbestimmbar, absehbar, kontrollierbar und womöglich etwas Schönes ist.

Aus diesem Grund empfiehlt sie, dass Oskar mit seinen Begleitperson auch immer nur so lange in der Einrichtung bleibt, wie er den **Besuch als Bereicherung** erleben kann. Sie möchte sich dabei nicht an bestimmte zeitliche Vorgaben halten. Lutzie orientiert sich an der Maxime, dass das Kind und die Begleitperson so lange in der Einrichtung bleiben und die Abschiede auf eine Weise gestaltet werden, dass beide **immer mit einem guten Gefühl nachhause gehen** können. So behält das Kind die Lust daran, in die Einrichtung zu gehen, und verknüpft den Aufenthalt mit angenehmen, freudvollen Gefühlen.

6 „Du musst nicht traurig sein!" Zugewandt trösten

Traurigkeit ist ein Gefühl, das wir Menschen immer wieder haben; es lässt sich nicht vermeiden, auch wenn wir das gerne manchmal tun würden. Traurigkeit ist ein angeborenes Grundgefühl und gehört zur sinnvollen Grundausstattung des menschlichen Organismus dazu. Die Frage ist also nicht, wie Traurigkeit vermieden werden kann, sondern, wie wir mit Situationen wie einem Abschied umgehen. Wie gehen wir selbst mit Traurigkeit um? Können wir sie spüren oder verdrängen wir sie, nehmen wir sie an oder kämpfen wir dagegen an? Die Frage ist also nicht, wie Kinder und Eltern in der Ankommenszeit lernen, nicht mehr traurig zu sein, sondern vielmehr: Wie wird der Traurigkeit begegnet, wie wird getröstet und wie wird mit dem Gefühl umgegangen?

Das Beispiel

Maxi wird gerade eingewöhnt. Sie ist seit drei Wochen in der Einrichtung. Jeden Morgen lässt sie beim Abschied ihre Schultern hängen, ihr Körper ist angespannt und sie weint. Wenn Fachkraft Sarah das Mädchen an sich ziehen möchte, protestiert es stark. Sarah versucht, Maxi zu trösten, sagt „Ist doch nicht so schlimm, Maxi, die Mama kommt später wieder!" und geht mit ihr schnell zur anderen Seite des Raumes. Sie versucht, Maxi zu beruhigen, indem sie ihr ein Buch und mit hastigen Bewegungen die Pferdebilder darin zeigt. Mit angespannter Stimme sagt Sarah: „Schau, wie süß die Pferde sind. Guck mal, die sind so toll, die essen Gras!" Maxi schaut kurz hin, beruhigt sich für wenige Sekunden scheinbar, bevor sie wieder zu weinen beginnt. Das Mädchen ist untröstlich und weint noch eine Weile weiter. Sarah spürt, wie ihre Kolleginnen hinter ihr schon gucken, weil sie Maxi nicht beruhigt bekommt. Nach kurzer Zeit sagt Sarah bestimmt, aber freundlich: „Maxi, komm, jetzt ist aber mal gut!“ Sie möchte so gerne, dass Maxi aufhört zu weinen. Während Maxi noch immer schluchzt, fragt Sarah: „Und wie war der Geburtstag von Papa gestern?“ Sie möchte Maxi mit dieser Frage unbedingt aufheitern. Ihr ist es ein Anliegen, dass das Mädchen an etwas Schönes denken kann. Nachdem Maxi sich beruhigt hat und sie später in der Garderobe sitzen, um die Schuhe anzuziehen, sagt Sarah: „Aber morgen weinst du beim Abgeben nicht mehr, o.k.? Das musst du gar nicht, ich bin doch für dich da!”

Was ist hier passiert?

Sarahs Anliegen ist es, dass es Maxi gutgeht. Sie sieht es als ihre Aufgabe an, etwas zu tun, damit Maxi nicht mehr weinen muss. Die Traurigkeit fühlt sich für Sarah unangenehm an, wie etwas Schweres, Belastendes. Dieses **innere Gefühl der Unruhe** bringt Sarah dazu, etwas zu sagen und Handlungen zu vollziehen, die Maxis Traurigkeit abwehren und beenden sollen. Folglich spricht sie Maxi ihre Traurigkeit ab, indem sie sagt „Ist doch nicht so schlimm, Maxi, die Mama kommt später wieder!“ und „Aber morgen weinst du beim Abgeben nicht mehr, o.k.? Das musst du gar nicht!“. Sarahs weitere Aussage „Maxi, komm, jetzt ist aber Mal gut!“ stellt eine Form verletzenden Verhaltens, eine Beschämung dar (vgl. Maywald 2019).

Als weitere Strategie, um mit der Lage umgehen zu können, nutzt Sarah wahrscheinlich unbewusst **Ablenkungen.** Sie geht schnell auf die andere Seite des Raumes, flüchtet vor dem Ort der Traurigkeit, möchte Maxi rasch mit einem Buch ablenken, erkundigt sich nach dem Geburtstag des Vaters – und all das, obwohl Maxi deutliche Zeichen zeigt, dass Trost momentan ihr dringendstes Bedürfnis ist. Sarahs Strategien helfen Maxi nur wenig, um mit ihrer Traurigkeit umgehen und sie als etwas Annehmbares erleben zu können.

Gefühle absprechen

Bei den meisten Erwachsenen löst das Weinen von Kindern ein **Unbehagen** aus. Das ist auch sinnvoll und von der Natur so eingerichtet, damit sich Erwachsene um die Kinder kümmern, wenn sie Hilfe benötigen. Dieses Signalverhalten sichert den Kindern ihr Überleben (vgl. Renz-Polster 2022). Erwachsene reagieren auf Gefühlsreaktionen von Kindern jedoch höchst unterschiedlich. Es kann sein, dass sie selbst panisch werden und stark erregt sind oder sie sind mitfühlend und unterstützend. Sarah zeigt hier einen hohen Anspannungslevel, wohingegen eine Kollegin in der gleichen Situation das Weinen vielleicht anders begleiten würde.

Neben den evolutionären Gründen sind noch weitere mögliche Ursachen für die Reaktionsweise von Sarah denkbar. **Äußere Stressoren** können ihren Drang nach Ruhe ebenfalls erklären: zu wenig Personal, hohes eigenes Stressmaß, Anspannung aufgrund der Lautstärke oder anderer äußerer Einflüsse. Auch ihre eigene körperliche und seelische Verfassung beeinflusst, wie feinfühlig Sarah Maxis Traurigkeit begleiten kann.

Eine nicht zu unterschätzende Größe sind auch Sarahs **unbewusste Erinnerungen,** die sie mit dem Gefühl der Traurigkeit zu verknüpfen gelernt hat (vgl. Wedewardt & Cantzler 2022 S. 135ff.; mehr dazu siehe Kapitel 8).

Vor dem Hintergrund eigener schmerzlicher Erfahrungen wird verstehbar, warum Sarah beim Trösten Worte verwendet, die das Ziel verfolgen sollen, dass Maxis Gefühle aufhören. Wichtig ist jedoch, dass Sarah sich ihres Verhaltens und ihrer Reaktionsmuster bewusst wird und ihre Wortwahl dann verändert. Denn **Worte haben eine starke Wirkung** und können das Selbst- und Weltbild eines Kindes maßgeblich beeinflussen (vgl. Wedewardt 2022). Wie wir mit Kindern sprechen, beeinflusst, wie sie sich selbst wahrnehmen. Das gilt auch im Umgang mit Gefühlen. Sie lernen, ihre Gefühle wahrzunehmen, sie zu spüren und zu benennen.

Problematisch an Sarahs Sätzen: „Ist doch nicht so schlimm, Maxi, die Mama kommt später wieder!“, „Maxi, komm, jetzt ist es aber mal gut!“ und “Aber morgen weinst du beim Abgeben nicht mehr, ok? Das musst du gar nicht!” ist, dass Maxi Botschaften erhält, die für ein gesundes Selbstbild und damit für eine gesunde psychische Entwicklung nicht zuträglich sind. Maxi hört aus Sarahs Worten womöglich **Botschaften** wie:

- „Ich darf keine Gefühle zeigen."
- „Gefühle zeigen ist bedrohlich."
- „Ich bin nur richtig, wenn ich nicht weine."

Das kann wiederum dazu führen, dass Maxi sich wenig gesehen, nicht ausreichend unterstützt und damit in der Kindertagesbetreuung nicht sicher genug fühlt. Je nachdem, welche Persönlichkeit Maxi hat und wie häufig ihr Gefühle abgesprochen werden, kann sie ebenfalls Erfahrungen abspeichern, die Traurigkeit mit etwas Unangenehmem, Schmerzhaftem oder Bedrohlichem verknüpfen.

Sätze, die Gefühle absprechen, bewerten und beschämen

- **„Ist doch alles gut!"**
- **„Ist doch nicht so schlimm!"**
- **„Du musst nicht weinen."**
- **„Ich höre dir erst zu, wenn du aufhörst zu weinen."**
- **„So können wir doch gar nicht spielen, wenn du so weinst!"**
- **„Du brauchst nicht traurig sein!"**
- **„Nun hast du aber genug geweint!"**

Gefühle ablenken

Damit das Weinen von Maxi nicht zu lange anhält, wählt Sarah die Strategie der Ablenkung. Sarah versucht, Maxi zu beruhigen, indem sie ihr ein Buch mit Pferdebildern zeigt und nach dem Geburtstag des Vaters fragt, obwohl das Mädchen noch immer weint und damit kein Interesse für Exploration zu bemerken ist.

Diese Formen von Ablenkung können **häufig in der Praxis beobachtet** werden. Pädagogische Fachkräfte nutzen sie, um selbst mit den Gefühlen der Kinder umgehen zu können, in der Hoffnung, dass die Handlung zu einer schnellen Beruhigung führt. Sie vermischen dabei ihre Erfahrungen und Gefühle mit denen des Kindes. Andere Beispiele dafür sind: schnell zum Fenster gehen und draußen etwas zeigen, Spielzeuge anbieten, das Lieblingskuscheltier, den Schnuller holen oder etwas mit Handpuppen vorführen, die die Kinder zum Lachen bringen sollen, und das, obwohl ihnen nicht zum Lachen zumute ist.

Wenn Maxi von Gefühlen überschwemmt ist, ist die neuronale Aktivität überwiegend im „Gefühlsgehirn" (im Limbischen System) zu verzeichnen. Dadurch ist es für kognitive Reize von außen unzugänglich. Der Neokortex, also der Bereich des Gehirns, der für Lernen und Impulskontrolle zuständig ist, bleibt „versperrt" (vgl. Siegel & Bryson 2017). Es macht also auch neuronal gesehen keinen Sinn, in einer solch emotionalen Situation kognitive Reize von außen anzubieten, da das Kind dafür nicht aufnahmefähig ist.

Damit Maxi wieder in eine innere Balance kommen kann, braucht sie zunächst einen Raum für ihre Gefühle. Maxi benötigt einen **Gefühlsraum**, in dem sie ihr Gefühl der Traurigkeit spüren darf und sich mit ihm angenommen fühlt. Die Ablenkung durch Sarah führt bei Maxi eher dazu, dass sie versucht, ihre Gefühl zu verdrängen, sie „herunterzuschlucken" und nicht zu verarbeiten. Auch wenn Maxi aufgrund einer Ablenkung aufhören würde zu weinen, unterdrückt sie ihr Gefühl nur. Man könnte sagen, die Gefühlsenergie verbleibt im Körper und kommt in einer ähnlichen Situation wieder als Impuls hervor. Diese Empfindung und der innere Gefühlsdruck können sich im Verlauf des Tages folglich immer wieder bemerkbar machen, zum Beispiel durch dauerhafte Gehemmtheit, traurige Stimmung, wenig Spiel, wenige Gefühle von Neugier, Interesse und Freude, Bauchschmerzen, Kopfschmerzen oder andere psychosomatische Reaktionen. Auch ein starker Ausdruck von Wut und Ärger können die Folge sein. Wenn Maxi im Verlauf des Tages keine Möglichkeit erhält, ihre Traurigkeitsgefühle mit einer vertrauten Person zu sortieren und zu regulieren, sucht ihr Organismus eine Strategie, alleine damit umzugehen oder die Gefühlsenergie zu entladen.

Es hält sich hartnäckig der Glaubenssatz, dass Gefühle länger und andauernder sind, wenn sie Raum bekommen und gesehen werden. Erwachsene haben manchmal Sorge, einem Gefühl zu viel Aufmerksamkeit zu schenken, damit sie es nicht noch verstärken. Diese Haltung ist unter anderem ein Erbe aus der **behavioristischen Lerntheorie** und kann durch aktuelle Erkenntnisse aus der Bindungsforschung oder der Neurowissenschaft widerlegt werden. Ein Gefühl ist im Durchschnitt nur 90 Sekunden spürbar, bevor es wieder verschwindet (Bryson & Siegel 2017, S. 138). Es sei denn, das Gefühl wird (von außen) bewertet. Werden Gefühle abgelenkt und abgesprochen, bewirkt das nicht, dass das Gefühl weggeht, sondern unbearbeitet (nicht integriert) im Körper verbleibt (ebd.). Bekommt das Gefühl jedoch eine Bühne, wird es gesehen, benannt und verstehbar, besteht eher die Möglichkeit, dass es auch wieder rasch weicht.

Jedes Gefühl mit seiner jeweiligen Intensität hat seinen Sinn und darf sein!

Das bedeutet: Geben Fachkräfte Gefühlen einen Raum, kann es sein, dass sie kurze Zeit stärker werden, bevor eine Beruhigung einsetzt. Jedoch bleibt auch hier die Frage: Warum sollte es das Ziel sein, dass ein Gefühl so kurz wie möglich da ist?

Was kann Sarah stattdessen tun?

Sarah möchte Kinder in ihrer Ankommenszeit feinfühlig begleiten und zugewandt trösten. Sie distanziert sich klar von der Haltung einiger ihrer Kolleginnen, dass Maxi nur deshalb so stark weinen würde, weil sie trotzt, weil sie ihren Willen durchsetzen wolle und sowieso viel zu viel weinen würde. Sarah weiß: Maxis Weinen ist genau passend zu ihrem inneren Erleben. Maxi drückt damit aus, was sie braucht. Sarah versteht das Weinen als Kommunikationsmittel und als Ventil, um Spannungen abzubauen. Sarah möchte Maxi **angemessen trösten,** indem sie deren Gefühle erspürt, erkennt, akzeptiert und versteht (vgl. Göbel 2021, S. 6). Um Maxis Traurigkeit feinfühlig zu begegnen, beherzigt Sarah die folgenden Reflexions- und Handlungsstrategien:

- Die Reflexion eigener wunder Punkte, Glaubens- und Reaktionsmuster
- Achtsamkeit und Regulation eigener Gefühle
- Einen Gefühlsraum für Maxi schaffen
- Gefühle annehmende Sprache nutzen
- Gründe für das Weinen von Maxi herausfinden

Reflexion wunder Punkte im Zusammenhang mit Traurigkeitsgefühlen

Nicht umsonst wird in der Ausbildung zu Psychotherapeut:innen dem Selbsterfahrungsaspekt von Trennungs- und Abschiedserfahrungen ein großer Stellenwert beigemessen. Denn Abschiedsmomente können von traumatischen Erfahrungen geprägt sein. Sind diese Erfahrungen nicht ausreichend reflektiert und integriert, können die damit einhergehenden Gefühle in Abschiedsmomenten mit den Kindern hervorgespült und getriggert werden.

Deshalb beobachtet Sarah sich in Ankommensphasen und insbesondere in Momenten der Traurigkeit. Sie spürt genau hin, welche Gefühle bei ihr entstehen, was sie besonders traurig, wütend oder hilflos macht. Unsere eigenen **Kindheitserfahrungen,** unsere eigenen Wünsche, unsere eigenen Erwartungen an uns selbst und auch unsere unbewussten Erfahrungen können in solchen Momenten zutage treten. Sarah reflektiert, wie es dazu kommt, dass sie manchmal mit Stresszeichen reagiert, wenn Maxi stark weint. Sie hat mittlerweile verstanden, in welchen Situationen sie auftreten und warum. Es gelingt ihr nach und nach, ihr Verhalten und ihre Reaktionen besser zu steuern. Sie bemerkt immer wieder, dass die Erkenntnis, welche Situationen für sie stressauslösend sind, bereits einen wichtigen Schritt der Veränderung bedeuten kann. Sie kann sich zum Beispiel daran erinnern, dass sie selbst früher häufig bei ihrer Oma abgegeben wurde, ohne dass sie ein Mitspracherecht hatte und dabei bitterlich weinte. Das hilft ihr, besser zu verstehen, warum sie in manchen Momenten unpassend reagiert.

Reflexionsübung Gefühle

- In welchen Momenten kann ich gut mit Gefühlen der Kinder, Eltern und Kolleg:innen umgehen und in welchen Momenten weniger gut?
- In welchen Situationen möchte ich, dass Gefühle aufhören?
- In welchen Situationen möchte ich Gefühle ablenken?
- Warum möchte ich in diesem Moment das Gefühl ablenken?
- Was hat das eventuell mit mir selbst zu tun?
- Gibt es einen Zusammenhang mit eigenen Kindheitserfahrungen oder Erfahrungen in der außerfamiliären Betreuung?
- Waren mir bestimmte Gefühle nicht erlaubt?
- Welche Gefühle sind bei mir besonders stark vertreten und welche versuche ich heute als Erwachsene:r zu unterdrücken?

Trägt Sarah aufgrund ihrer Erfahrungen viele **Glaubenssätze** in sich, die Traurigkeit als etwas Bedrohliches beschreiben, kann sie sich auch auf der kognitiven Ebene selbst beruhigen. Vielleicht hilft es ihr, die eigenen schmerzhaften Gefühle aufzuschreiben, die im Zusammenhang mit Maxi immer wieder sagen: „Weinen darf nicht sein!" „Das Weinen muss aufhören, sonst bin ich eine schlechte Fachkraft" „Unsere Aufgabe ist es, dass die Kinder nicht weinen!" Am sinnvollsten ist es, in einem individuellen Coaching die eigenen Triggermomente zu besprechen und gemeinsame **Beruhigungsstrategien** zu entwickeln.

Stärkende Glaubenssätze

- Jedes Gefühl darf sein.
- Traurigkeit darf sein.
- Kinder dürfen weinen.
- Kinder dürfen so lange weinen, wie sie es brauchen.
- Es gibt immer einen sinnvollen Grund für die Intensität und die Dauer des Weinens.

Gefühle regulieren

Bevor Sarah sich gleich um Maxi kümmern wird, kümmert sie sich erst um sich selbst. Bei einer Fortbildung hat sie gelernt: Wenn sie ihre **eigenen Gefühle reguliert,** kann sie auch besser für Maxis Gefühle sorgen. Sarah versucht deshalb bereits im Vorhinein, achtsam mit sich selbst in Kontakt zu treten und ihre eigenen Gefühle und ihren Körper wahrzunehmen. Sie hält inne, drückt die **innere Stopp-Taste,** atmet tief ein und aus und spürt, wie es ihrem Körper geht, was sie denkt und was sie fühlt. Sie fragt sich selbst: „Wie geht es mir heute?" „Was fühle ich?" „Belastet mich heute etwas?" „Was belastet mich?" Durch diese Art der Selbstzuwendung beruhigt sie selbst ihr Nervensystem, was auf Maxi ebenfalls eine beruhigende Wirkung haben kann. Zwei aufgeregte Nervensysteme regulieren sich nicht, sie befeuern sich eher, weiß Sarah. Mental stellt sie sich auf Maxi und ihre Gefühle ein. Wie eine Freundin spendet sie sich selbst Kraft durch inneren Trost, Mitgefühl und bestärkende Worte.

Sarah nimmt sich jeden Tag vor, besonders empathisch und mitfühlend mit Maxi zu sein, um angemessen für sie da sein zu können. Sie weiß jedoch, dass es wenig hilfreich ist, sich von Maxis Gefühlen überrumpeln zu lassen. Statt in den Sog des Mitleids zu geraten, versucht sie bei der Begleitung „nur" Mitgefühl zu zeigen.

Exkurs: Der Unterschied zwischen Empathie und Mitgefühl

In einer **groß angelegten Studie** forschte ein Team um die Neurowissenschaftlerin Dr. Tania Singer mehrere Jahre im Bereich der Empathie und kam zu spannenden Erkenntnissen hinsichtlich der Unterscheidung zwischen **Empathie** und **Mitgefühl.** Im sogenannten ReSource-Projekt (vgl. Singer) erforschte sie mit Hilfe der Neurowissenschaft und fernöstlichen Mentaltrainings den Unterschied zwischen Empathie und Mitgefühl. Sie fand heraus, dass bei Empathie und Mitgefühl unterschiedliche Netzwerke im Gehirn aktiviert werden (Hildebrandt u.a. 2017). Wenn wir empathisch, also mitleidend reagieren, wird im Gehirn das gleiche Hirnareal aktiviert wie beim Gegenüber. Empfindet Maxi beispielsweise große Traurigkeit, wird in Sarahs Gehirn genau das gleiche Gefühlsareal aktiviert. Das gleiche passiert bei Schmerz. Wir erleben den Schmerz des Kindes und leiden mit. Die Gehirne resonieren miteinander und das eigene Schmerzzentrum wird ebenso aktiviert. Dies ist der Grund dafür, dass manche Fachkräfte in der Ankommenszeit eine starke Empathie empfinden, wenn das Kind beim Abschied weint, somit ein ähnlicher Stress aktiviert wird und sie am Ende überdurchschnittlich stark erschöpft sind. Bei Mitgefühl hingegen zeigten die Probanden, buddhistische Mönche, keine Aktivierung des Emotionsgehirns oder des Schmerzzentrums, sondern die Aktivierung des Hirnareals für Handlungen im präfrontalen Kortex und im Belohnungssystem. Das bedeutet, der Fokus beim Mitgefühl ist nicht das Leid oder das Gefühl an sich, sondern die Hilfeleistung, die Option, aktiv an der Linderung beteiligt sein zu können. Mitgefühl wirkt demnach nicht anstrengend, sondern sogar bereichernd.

Sarah hat beschlossen, in den Beziehungszeiten mitfühlend mit Kindern und Familien zu sein, **ohne dabei auszubrennen.** Es benötigt viel Übung, den Mitgefühlsmodus statt des Mitleidsmodus im Gehirn zu aktivieren. Durch mentales Training können Fachkräfte jedoch lernen, zu steuern, ob sie mit den Kindern mitleidend oder mitfühlend umgehen. Hilfreich sind dafür Methoden der Achtsamkeit, wie zum Beispiel regelmäßige Meditation, Achtsamkeitsübungen, Affirmationen und bestärkende Sätze.

Langfristige Beruhigungsstrategien

- **Meditation:** Dadurch übt das Gehirn, schneller in die Entspannung zu kommen
- **Achtsamkeit:** Diese Haltung hilft, im eigenen Körper zu bleiben und nicht impulsiv aus dem Emotionszentrum heraus zu reagieren
- Reflexion eigener **Triggermomente:** Dadurch können die betreffenden Situationen im Alltag besser wahrgenommen und mit ihnen umgegangen werden (vgl. Wedewardt & Cantzler 2022).

Mitleid kann zu Burnout führen, weiß Sarah. Mitgefühl hingegen hilft ihr bei der eigenen Gefühls-Regulation (vgl. Kanske 2015). Weil Sarah viele Ankommensprozesse begleitet und dabei auch emotionalen Stress empfindet, will sie etwas in ihrem Leben verändern. Seit sie regelmäßig zehn Minuten am Tag meditiert, hat sie das Gefühl, dass sie Familien in ihrem Ankommensprozess besser begleiten und mehr in ihrer Mitte bleiben kann.

Ähnlich ist es im Umgang mit sich selbst. Kann Sarah **mit sich selbst mitfühlend** sein und stützend oder verfällt sie in Selbstmitleid, das eher kraftraubend denn stärkend ist? Mithilfe der Selbstempathie gelingt es Sarah immer besser, eigene Gefühle, Bedürfnisse und Grenzen wahrzunehmen und zu kommunizieren. Sie spürt auch zunehmend, was sie braucht, wenn sie traurig oder gestresst ist.

Sarah hat sich neben der täglichen Meditation zudem **Selbstregulationsstrategien** bereitgelegt, die sie in Akut-Momenten gerne nutzt:

Kurzfristige Beruhigungsstrategien

- Tiefes, gleichmäßiges Atmen
- Den **Körper spüren** (Bodyscan): Wo in meinem Körper spüre ich Anspannung?
- Verschiedene **Sinneseindrücke wahrnehmen:** Was höre ich gerade? Was sehe ich gerade und was schmecke ich gerade?
- Sich **selbst gut zureden,** zum Beispiel mit positiven Glaubenssätzen: „Alle Gefühle dürfen sein!"

Seit Sarah mehr in Kontakt mit sich selbst ist, gelingt es ihr auch besser, **Maxi mit ihren Gefühlen** zu begleiten. Denn: Damit Maxi ihre Traurigkeitsgefühle spüren und annehmen kann, benötigen sie ein Gegenüber, das ihre Gefühle halten und annehmen kann. Sarah möchte bei Maxis Begleitung die indirekte Botschaft senden: „Deine Gefühle dürfen sein. Ich nehme dich an mit all deinen Gefühlen. Ich bin für dich da!" Sarah gibt Maxi in der Wahrnehmung ihrer Gefühle Hilfestellung, zum Beispiel darin, sie in ihrem Körper zu verorten. Zudem gibt Sarah Maxis Gefühlen Raum und betont: „Du darfst weinen!" Und Sarah nimmt es sich zur Aufgabe, Maxis Bedürfnisse hinter den Gefühlen zu ergründen und eine passende Lösung dafür zu finden.

Schritte der Emotionsregulation

1. Raum für Gefühle geben
2. Wahrnehmung der Gefühle
3. Annahme der Gefühle
4. Auslöser und Ursache verstehen
5. Das Bedürfnis dahinter verstehen
6. Das Bedürfnis sozial angemessen befriedigen

(vgl. Wedewardt & Hohmann 2021, S. 56)

Einen Gefühlsraum schaffen

Einen Gefühlsraum zu schaffen bedeutet für Sarah, zu verinnerlichen, dass jedes Gefühl sein darf, und die Traurigkeit nicht als etwas Bedrohliches wahrzunehmen, sondern als etwas, das **guttut und sinnvoll ist.** Sarah sendet Maxi mit dieser Einstellung die Botschaft: „Du bist gut so, wie du bist!" „Hier darfst du sein mit all deinen Gefühlen!" „Ich bin für dich da!" Sarah schafft den Raum, in dem klar ist, dass Maxi so lange weinen kann, wie sie es braucht. Weinen lässt Sarah mittlerweile nicht mehr erstarren oder wütend werden. Sie hat auch keine Angst mehr davor, dass das Weinen nicht mehr aufhört. Sie **vertraut** nun darauf, dass die Intensität und die Dauer des Weinens Maxis Situation und ihrer Persönlichkeit immer angemessen sind.

Eine Herausforderung stellte es für Sarah dar, diese Haltung – Gefühlen Raum zu geben – in ihrem **Team** zu etablieren. Denn sie bemerkt, dass für eine angemessene Begleitung, in der Gefühle sein dürfen, die Unterstützung des gesamten Teams notwendig ist. Es benötigt die offizielle Übereinkunft, dass Weinen sein darf. Früher waren Bewertungen wie „Sie kriegt das nicht hin, sie kann das Kind ja gar nicht beruhigen" die Folge auf Sarahs pädagogisches Handeln. Das erzeugte bei Sarah Druck und formte in ihr Glaubenssätze wie: „Ich bin nur eine gute Fachkraft, wenn ich Kinder schnell beruhigen kann!" Und das wiederum führte bei

Sarah damals zur **Verengung des Gefühlsraums.** Der Gefühlsraum weitet sich hingegen, wenn Sarah, wie sie es erlebt hat, aufkommende Gefühle halten kann und die offizielle Unterstützung des Teams dafür hat.

Gefühle benennen

Eine Stufe der Gefühlsregulation ist das **Wahrnehmen der Gefühle.** Dabei kann eine pädagogische Fachkraft den Kindern helfen, indem sie ihre Gefühle versprachlicht. Statt Maxi die Gefühle abzusprechen, fasst Sarah nun die Gefühle in Worte. Auf diese Weise lernt Maxi, sich selbst zu verstehen. Sarah kleidet dann in Worte, welche Bedürfnisse bei Maxi aktiv sein können und gibt ihr so Hilfestellung, sich selbst zu helfen. Eine Möglichkeit, um Maxi bei der Regulation ihrer Gefühle zu helfen, ist die Methode „Verbinden und umleiten" von Daniel Siegel und Tina Bryson (vgl. ebd. 2017, S. 41). Dabei werden die Gefühle benannt, sie bekommen einen Namen, bevor eine kognitive Begründung gefunden und das Gefühl beruhigt werden kann:

Statt zu sagen „Ist doch nicht so schlimm Maxi, die Mama kommt später wieder!" **sagt Sarah** nun: „Ich weiß, Maxi, du bist wirklich traurig (Gefühl), dass die Mama gegangen ist. Kann es sein, dass du dich hier in der Kita noch ein bisschen unsicher (Bedürfnis nach Sicherheit) fühlst? Ich bin für dich da, du bist bei mir sicher (Sicherheit)!" Wenn Maxi den unbewerteten Raum für ihre Tränen bekommen hat und nicht mehr weint, kann Sarah mit Maxi auf Forschungsreise gehen, um herauszufinden, warum dem Mädchen der Abschied so schwerfällt und welche Bedürfnisse dahinter verborgen sein könnten.

Bedürfnisse von Maxi ergründen

Wenn Kinder weinen, versuchen Erwachsene im positiven Fall zu ergründen, warum sie weinen. Kein Weinen geschieht ohne Grund und benötigt ein genaues Hinsehen (siehe Kapitel 7). Sarah ist davon überzeugt, dass jedes Weinen seinen Sinn hat und auf ein oder mehrere Bedürfnisse aufmerksam macht (vgl. Wedewardt & Hohmann 2021), die es herauszufinden gilt. Für eine sensible Ankommensgestaltung ist es Sarah wichtig, den Grund für Maxis Weinen zu verstehen. Die Frage nach dem Warum, ergründet Sarah zusammen mit Maxi, für sich selbst, gemeinsam im Team und mit der Begleitperson. Wenn Sarah den Grund für Maxis Weinen herausfindet, dann ist es für sie auch leichter, eine Lösung zu finden. Aus eigener Erfahrung weiß Sarah: Erkennt sie das Bedürfnis von Maxi, kann das morgendliche Weinen womöglich abgemildert werden.

Um den **Bedürfnissen von Maxi** auf den Grund zu gehen, beobachten Sarah und ihre Kolleg:innen das Mädchen im Alltag. Sie legen ihr Augenmerk auf die folgenden Fragen: Wann weint Maxi genau? Wie stark weint sie? Wann wird es besser? Was gibt ihr Halt? Geht es bei Maxi um Struktur und Orientierung? Weiß sie noch nicht so richtig, wann sie wohin soll und wie der Ablauf ist? Benötigt sie Schutz vor den anderen Kindern? Benötigt sie ganz viel Nähe und Körperkontakt? Geht es um Trost aufgrund der Abschiedstraurigkeit? Ist die Beziehung zu Sarah noch nicht ausreichend aufgebaut? Ist es in der Ankommenszeit für Maxi eventuell zu schnell gegangen und sie konnte noch keine ausreichende Beziehung und damit Sicherheit entwickeln? In diesem Fall sollte die Möglichkeit in Betracht gezogen werden, die Beziehungszeit ein paar Schritte zurückzudrehen und die Eltern wieder dazu zu holen (siehe Kapitel 12). Sarah weiß, dass manchmal zwei bis drei Tage einer Wiedereingewöhnung ausreichen, damit das Kind erneute Sicherheit gewinnen kann.

Relevant können auch Veränderungen sein, die die Kinder zuhause erleben, und die ihnen den Abschied am Morgen und den Kita-Besuch erschweren. Wird ein Geschwisterkind geboren? Ist die Familie erst in den Ort gezogen? Soll das Kind nun im eigenen Bett schlafen? Wird der Schnuller abgewöhnt? All das und noch viel mehr können Ursachen dafür sein, dass Trennungen und Abschiede schwerfallen. Es braucht also immer ein individuelles Hinschauen.

Echter Trost bedeutet, zu ermutigen, ohne Lösungen vorzugeben und ohne zu bewerten.

Trost spenden

Trost bedeutet, aktiv zuzuhören, Gefühle anzuerkennen und Zuversicht zu spenden (vgl. Göbel 2021, S. 10).

Die Kinder- und Jugendlichenpsychotherapeutin Gundula Göbel hat die sogenannte **Trost-Tankstelle** entwickelt (2021, S. 19), die einen guten Überblick bietet, welche Elemente beim Trösten wichtig sind und welche Bedürfnisse dabei erfüllt werden können. Ein wichtiges Element des Tröstens umfasst demnach die **Co-Regulation,** bei der das Kind durch Blicke, Gesten, körperliche Nähe, Berührungen, Stimme, Geruch und ein empathisches Zuhören beruhigt wird. Das mimische und vokale Mitfühlen spielt dabei eine wichtige Rolle. Auch andere Kinder oder **Übergangsobjekte** wie ein Kuscheltier können hilfreich sein, um zu trösten. Diese Form der Beruhigung wird in Kapitel 11 näher beleuchtet. Die dritte Säule der Trost-Tankstelle beschreibt **Verlässlichkeit** als ein wichtiges Element von Trost. Verlässlichkeit kann im Alltag durch bestimmte Rituale, Trostverse, -lieder oder Trosthandlungen (Pusten) ausgedrückt werden und somit Sicherheit durch Struktur vermitteln. Die vierte Säule stellt die **Selbstregulation** in den Fokus. Kann sich die Fachkraft selbst gut beruhigen, sind ihre eigenen Bedürfnisse ausreichend erfüllt, findet sie eine innere Balance und kann für das ankommende Kind unterstützend wirken.

7 „Weinen gehört dazu!" Wie viele Tränen dürfen sein?

Immer wieder sind Mythen im Umlauf, was das Weinen an sich, die Dauer und die Intensität in der Ankommenszeit betrifft. Gehört dieser Gefühlsausdruck zu einer Eingewöhnung einfach dazu oder ist ein bedürfnisorientiertes Ankommen auch ohne Weinen möglich und sinnvoll? Diese Frage ist nicht so leicht zu beantworten und bedarf einer differenzierten Betrachtung.

Das Beispiel

Der zweijährige Quentin befindet sich seit zwei Wochen in der Eingewöhnung. Beim Abschied weint er stark und klammert sich an seine Mama. Er zeigt mit seinem Weinen deutlich, dass er nicht in die Kita möchte. Fachkraft Lydia denkt „Weinen gehört dazu" und nimmt Quentin aus dem Arm seiner Mutter. Als die Mutter gegangen ist, kommt zum Weinen ein wütendes Schreien hinzu. Quentin bäumt sich auf dem Arm von Lydia auf, haut sie einmal, bevor er schlaff in sich zusammensinkt. Etwas apathisch und mit leerem Blick sitzt er anschließend neben Lydia. Sie denkt, dass sich Quentin nun beruhigt hat und wendet sich einem anderen Kind zu, das zur Tür hereinkommt. Quentin sitzt noch eine Weile am gleichen Ort. Er wirkt bedrückt, spielt nicht und schaut nur im Raum umher.

Was ist hier passiert?

Lydia nimmt Quentin seiner Mutter ab und reagiert eindeutig nicht passend auf seine Signale. Dafür kann es mehrere Gründe geben. Entweder denkt Lydia, man müsse das so machen. Quentin dürfe nicht denken, dass die Mutter dableibt, wenn er „Theater macht". Dann handelt es sich um einen Glaubenssatz, der widerlegbar ist. Es könnte auch sein, dass Quentin bereits, ohne etwas dagegen zu haben, in der Kita geblieben ist und erst seit kurzer Zeit in dieser Situation so stark weint. Dieses Verhalten überrascht die Mutter und Lydia so sehr, dass sie aus Überforderung im Ablauf weiterverfahren wie bisher. In diesem Fall wird die Eingewöhnung aus Hilflosigkeit und Unwissenheit weiterverfolgt, ohne auf die Signale von Quentin zu reagieren. Es kann aber auch sein, dass die Mutter gleich zu Beginn der Ankommenszeit mitgeteilt hatte, dass sie nur zwei Wochen für die Eingewöhnung zur Verfügung hat und dann wieder arbeiten muss. Das setzt Lydia unter Druck und lässt ihr vermeintlich keine andere Wahl, als Quentin weinend aus dem Arm der Mutter zu nehmen. Eines ist sicher: Quentin zeigt deutlich, dass es ihm nicht gutgeht und er mit der Situation in der Form nicht einverstanden ist. Er möchte nicht von Mamas Arm. Seine Verhaltensweisen zeigen: Er ist nicht nur traurig, sondern wütend, verzweifelt und resigniert. Der leere Blick, das apathische Verhalten, die schlaffe Körperhaltung, das Hauen und das wenige Spiel machen deutlich, wie unglücklich er ist. Quentins Weinen signalisiert, dass die Beziehungszeit zu seinem Wohle überdacht und neu ausgerichtet werden sollte.

Exkurs: Mythen über Tränen in der Eingewöhnung

Im Zusammenhang mit Weinen während der Beziehungszeit tauchen immer wieder bestimmte Mythen auf. Sie beschreiben Glaubenssätze, die darüber Auskunft geben, ob Weinen zur Ankommensphase dazugehört, warum Tränen wichtig seien, welchen Nutzen Tränen hätten und welche Absichten Kinder damit verfolgen würden. Weil solche unbewussten Überzeugungen zu so mancher falschen Einschätzung führen können, sollen häufig auftauchende Mythen an dieser Stelle genauer betrachtet werden. Lydia trägt zum Beispiel den Glaubenssatz in sich: „Weinen gehört dazu!"

Mythos 1: „Tränen gehören dazu." Manchmal wird behauptet, dass Tränen zu einer Eingewöhnung dazugehören und sich nur in seltenen Fällen vermeiden ließen. Viele Kinder weinen während der Ankommenszeit. Das liegt vermutlich daran, dass diese Zeitspanne selten ausschließlich am Kind und seinen Bedürfnissen ausgerichtet wird. Es ist noch nicht in allen Kitas der Fall, dass Kinder und Eltern die Zeit für das Ankommen bekommen, die sie benötigen. Individuelle Temperamente und Erfahrungen mit Abschied und Trennung erhalten dabei oft wenig Beachtung. Erste Ergebnisse aus dem Forschungsprojekt zur Partizipatorischen Eingewöhnung von Marjan Alemzadeh zeigen jedoch, dass die Beziehungszeit ohne Tränen möglich ist (www.partizipatorische-eingewoehnung.de).

Mythos 2: „Tränen sind ein Zeichen für Trennungsschmerz!"
Finden Trennungen in der Eingewöhnung statt, die ohne die Zustimmung aller Beteiligten erfolgen, entsteht Trennungsschmerz. Es sollte jedoch keinen Schmerz brauchen, um das Loslösen zu begleiten. Es kann sein, dass ein Gefühl von Traurigkeit aufkommt. Wird diese Traurigkeit jedoch feinfühlig von einer Fachkraft begleitet, zu der das Kind eine verlässliche Beziehung aufbauen konnte, entsteht kein Trennungsschmerz.

Mythos 3: „Weinen zeigt, dass das Kind sicher an die begleitende Person gebunden ist." Es kann sein, dass Weinen beim Abschied ein Zeichen dafür ist, dass das Kind eine sichere Bindung zur Begleitperson hat (vgl. Grossmann & Grossmann 2012/2021). Das muss jedoch nicht der Fall sein. Auch ein Kind, das nicht weint und nach relativ kurzer Zeit ohne Begleitperson in der Einrichtung bleiben möchte, kann sicher gebunden sein. Ausschlaggebend sind hier wohl das Alter des Kindes oder angeborene Persönlichkeitsmerkmale. Offene, zugängliche Kinder weinen grundsätzlich weniger als schüchterne Kinder. Auch kulturelle Prägungen nehmen Einfluss darauf, wie Kinder in der Ankommenszeit reagieren.

Mythos 4: „Über das Trösten wird Vertrauen aufgebaut." Vertrauen wird nicht dadurch aufgebaut, dass Kinder in eine hilflose Situation gebracht werden, in der ihnen keine Wahl bleibt, als sich aus der Not heraus an die ihnen zur Verfügung stehende Person zu wenden. Wirkliches Vertrauen entsteht im Vorhinein, wenn die Sicherheit gebende Begleitperson anwesend ist und das Kind in ihrem Beisein nach und nach eine Beziehung zur eingewöhnenden Fachkraft aufbaut. Damit der Beziehungsaufbau gelingt, braucht es eine pädagogische Fachkraft, die dem Kind durch ihr responsives Verhalten (siehe Kapitel 1.2) zeigt, dass sie seine Bedürfnisse wahrnimmt und passend beantwortet. Nicht das Weinen, der Schmerz und die Hilflosigkeit schaffen Vertrauen, sondern das im Beisein der Begleitperson entwickelte Sicherheitsgefühl, mit den eigenen Bedürfnissen gesehen zu werden. Wenn klar ist, dass die eigenen Bedürfnisse nach Nähe, Trost, Würde, Anerkennung, Wertschätzung, Distanz, Autonomie, Selbstbestimmung und Mitbestimmung gesehen und erfüllt werden, kann sich Vertrauen aufbauen.

Mythos 5: „Kinder wollen mit dem Weinen ihren Willen durchsetzen." Noch immer hält sich hartnäckig der Glaube, dass Kinder durch lautstarkes Weinen ihren Willen durchsetzen wollen. Diesem Weinen soll folglich nicht zu viel Aufmerksamkeit geschenkt werden, damit es sich nicht verstärkt. Nur bei „richtigem Weinen" soll Zuwendung erfolgen. Zum Glück nur noch selten, aber doch noch immer zu hören, sind Sätze wie „Das sind doch keine richtigen Tränen!", „Oh, das sind Krokodilstränen.", um zu erklären, wann das Weinen wahr oder unwahr und damit berechtigt oder unberechtigt sein soll. Dieser Haltung liegt ein Bild vom Kind zugrunde, das Kinder als manipulativ, provozierend, tyrannisch und machtbesessen zeichnet.

Dieses Kindbild entspricht in keiner Weise den aktuellen Erkenntnissen aus Bindungsforschung, Psychologie, Pädagogik, Psychotraumatologie und Neurowissenschaft. Kinder sind kooperative Wesen, die ihr Handeln auf Sicherheit ausrichten. Sie versuchen alles, um sich Bedürfnisse zu erfüllen, damit sie gesund bleiben und überleben (vgl. Grossmann & Grossmann 2012/2021; Porges 2021; Renz-Polster 2022; Spitzer 2002).

Weinen entspricht einer Signalform aus dem Bindungsverhaltenssystem und braucht unbedingt eine unmittelbare und prompte Reaktion (vgl. Grossmann & Grossmann 2012/2021).

Jedes Verhalten hat seinen berechtigten Sinn.

Gute Gründe für das Weinen

Weinen hat immer einen guten Grund und ist eine Art der Kommunikation, um etwas mitzuteilen, für das Kinder keine Worte haben. Jedes Verhalten eines Kindes, auch jede Form des Weinens, egal von welcher Dauer, in welcher Intensität und in welchen Momenten, macht Sinn (vgl. nifbe 2022).

Lydia macht sich wenig Gedanken darüber, was Quentin ihr mit seinem Weinen mitteilen möchte und geht davon aus, dass „Weinen dazugehört" und sie weiter so verfahren kann wie bisher. Damit Lydia jedoch feinfühlig auf Quentin eingehen kann, ist es wichtig, dass sie den Ursachen für sein Weinen auf den Grund geht.

1. Grund: Auf Bedürfnisse aufmerksam machen

Weinen ist immer eine Kommunikationsweise, um auf Bedürfnisse aufmerksam zu machen. Mit diesem Signalverhalten kümmern Kinder sich intuitiv und unbewusst um ihre Bedürfnisse; sie sorgen so für sich und können ihr Stresserleben regulieren (vgl. Grossmann & Grossmann 2012/2021). Man kann sagen: Sie sichern sich ihr Überleben. Auch wenn es nicht wirklich um Leben und Tod geht, so reagiert das Nervensystem auf äußere Reize mit einer Gefahreneinschätzung und setzt den Organismus folglich in einen Alarmzustand (vgl. Porges 2021).

Besonders junge Kinder sind noch stark auf die Hilfe von Erwachsenen angewiesen, die sie dabei **unterstützen, sich ihre Bedürfnisse zu erfüllen.** Ihre neuronalen, kognitiven und emotionalen Fähigkeiten befinden sich noch im Aufbau.

2. Grund: Stressabbau

Eine hohe Belastung und ein Überforderungsgefühl führen in aller Regel zu einer starken Anspannung, die sich durch das Weinen entlädt.

> Weinen kann helfen, Stress abzubauen.

Weinen ist also nicht das Problem, sondern die Strategie, um mit der Belastung umzugehen. Das Weinen ist die Lösung.

Lydia sollte sich fragen, warum sich erst so viel Stress anstauen muss, der nur über Tränen zu verarbeiten ist. Das Augenmerk sollte also darauf liegen, wahrzunehmen, an welchen Stellen sich Stress aufbaut und wie er rechtzeitig reguliert oder vermieden werden kann. Sind die Beziehung und das Sicherheitsempfinden noch nicht stark genug, entsteht Stress und Quentin weint; dann sollte diese Belastung durch eine Veränderung der Situation in jedem Fall vermieden werden. Denn zu viel, langanhaltender, unregulierter Stress wirkt sich nachteilig auf die (Gehirn-)Entwicklung und die Gesundheit aus. Also sollte der Stress in der Beziehungszeit möglichst gering gehalten werden.

3. Grund: Traurigkeit beim Abschied

Es muss jedoch nicht jede Art von Weinen vermieden werden. Weil es wichtig ist, dass Kinder lernen, sich selbst mit all ihren Gefühlen anzunehmen, sollte auch die Traurigkeit einen Platz erhalten. Kinder dürfen traurig darüber sein, dass eine ihnen wichtige Person geht. Entscheidend ist, dass die Fachkraft achtsam und feinfühlig auf traurige Kinder eingeht und die Gefühle tröstend begleitet (siehe Kapitel 6). Im geschützten Rahmen können Kinder erfahren, dass sie mit ihren Gefühlen angenommen werden und über ihr Weinen Spannungen abbauen dürfen. Weinen kann auch ritualisiert stattfinden und jeden Tag beim Abschied ausdrücken: „Papa, ich mag dich so sehr. Ich bin so traurig, dass du gehst!" Das ist in Ordnung.

Es gibt einen Unterschied, ob ein Kind nicht in der Einrichtung bleiben will und deshalb weint, ob es **noch** nicht ohne die Begleitperson dort bleiben kann, weil es sich zu unsicher fühlt oder ob es aufgrund des Abschieds weint.

Trauerphasen verstehen

In der Ankommenszeit kann T**raurigkeit auch phasen- und intervallartig** auftreten. Während der Ankommensphase kann ein solcher Trauerprozess einsetzen. Aber auch, wenn Kindern das Ankommen am Anfang leicht fiel und nach zwei Monaten zu der Erkenntnis kommen, dass sie wohl nicht nur vorübergehend in die Einrichtung gehen, wird manchmal ein Trauerprozess in Gang gesetzt, der von verschiedenen Phasen geprägt sein kann. Es scheint ein immer wieder beobachtbares Phänomen zu sein, dass Kinder nach dieser Zeit manchmal wie einen kleinen Schock erleben, der nochmal starke Gefühle auslöst. Die **Trauerkurve** (in Anlehnung an Kübler-Ross 1994) beschreibt anschaulich, welche Phasen sowohl Kinder als auch Eltern in der Abschiedsbewältigung durchleben können (vgl. Abb. 6).

Abb. 6 Trauerkurve nach Kübler & Ross (1994)

Bemerken Kinder nach drei Monaten, dass sie nun immer und jeden Tag in diese Einrichtung gehen sollen, sind sie vielleicht nochmal geschockt (Phase 1) und werden nochmal wütend darüber (Phase 2). Ihre Traurigkeit zeigt sich noch einmal deutlicher auch in Form von Wut. Bis sie irgendwann langsam in die Akzeptanz (Phase 3 und 4) kommen. Quentin könnte sich also durch seine Gefühlsäußerungen in einer Art Trauerprozess befinden, der eine passende, feinfühlige Begleitung braucht.

Die **Herausforderung** besteht also darin, **unterschiedliche Arten des Weinens** zu bemerken und zu entschlüsseln. Besonders zu Beginn, wenn die pädagogischen Fachkräfte die Kinder noch nicht so gut kennen, fällt es manchmal schwer, sie zu lesen. Deshalb sollte beim Einstufen des Weinens auch immer die begleitende Bezugsperson zur Einschätzung als Expert:innen mit einbezogen werden. Es ist manchmal gar nicht so leicht, zu unterscheiden, ob es sich um ein Traurigsein oder um ein echtes Verzweiflungsweinen handelt, das zeigt: Ich fühle mich hier noch nicht ausreichend sicher und brauche Unterstützung von meiner Hauptbindungsperson. Quentins Weinen und sein Bindungsverhalten zeigen jedoch eindeutig, dass er nicht nur einfach traurig ist. Er wirkt verzweifelt, wütend und resigniert.

Qualität und Intensität des Weinens einstufen

Bei der Begleitung von Quentin sollte Lydia einerseits mögliche Gründe für sein Weinen herausfinden, aber auch die **Intensitäten** und **Qualitäten** des Weinens beobachten.

Weinen ist nicht gleich Weinen

Sanftes, kurzes Weinen aus einer Traurigkeit heraus:
Es gibt eine Art des Weinens, die wenig energisch, mimisch und gestisch eine sanfte Traurigkeit ausdrückt. Im Weinen ist ein kleiner Schmerz über den Abschied zu spüren, aber keine Panik oder gar Verzweiflung. Die pädagogische Fachkraft behält den Zugang zum Kind, kann mit ihm sprechen und seine Traurigkeit gut auffangen. Vergleichbar ist dieses Weinen mit dem Abschied am Bahnsteig von einer geliebten Person. Es kommen Tränen, man ist traurig, aber dieses Gefühl ist regulierbar und wahrscheinlich schnell wieder verflogen.

Protestierendes Weinen: Weinen Kinder energisch und zeigen dabei den Ausdruck von Wut und Ärger, drücken sie eine Art Protest aus. Sie machen deutlich: „Hier stimmt etwas nicht, ich will das nicht, meine Grenze ist überschritten!" Dieses Weinen zeigt, dass das Kind mit dem Verlauf der Ankommenszeit nicht einverstanden ist. Die Begleitperson sollten dann, je nach Dauer des Protests, zurückgeholt werden.

Verzweifeltes Weinen: Weinen Kinder mit einem Unterton von Verzweiflung, zeigt diese Gefühlsäußerung klar: „Ich fühle mich hier nicht sicher und brauche Sicherheit." Auch dann sollte die Begleitperson sofort zurückgeholt werden.

Jammerndes, schluchzendes, langanhaltendes Wimmern: Weinen Kinder bereits längere Zeit, sind sie zu einem Jammern, Schluchzen, Wimmern oder leisen Weinen übergegangen, das sich über eine längere Zeit erstreckt, wird damit das Gefühl von Resignation und Ohnmacht ausgedrückt. Das Kind weint nicht „richtig", hat aber rote Augen, findet nicht ins Spiel, will viel auf den Arm und jammert fortwährend. Das Wimmern flammt immer wieder auf und zeigt sich in Intervallen. Diese Art des Jammerns ist ein eindeutiges Alarmzeichen. Das Kind fühlt sich unwohl, gestresst und ist dauerhaft unreguliert. In einem solchen Fall muss eine Lösung zum Wohle des Kindes gefunden werden. Die Fachkraft sollte das Verhalten des Kindes mit der Familie besprechen und gemeinsam eine Lösung suchen: Entweder muss die Beziehungszeit zurückgedreht, neu gestaltet und im Beisein der Eltern verlängert werden. Es kann aber auch sein, dass das Kind noch nicht für den stressigen Alltag einer Kindertagesstätte bereit ist. In diesem Fall sollte, wenn möglich, eine Eingewöhnungspause eingelegt werden.

In Quentins Fall zeigen die Art und Qualität seines Weinens und seine Körperreaktionen (Hauen und In-sich-Zusammensinken), dass es sich nicht nur um eine reine Traurigkeit handelt. Problematisch ist nicht nur das Weinen an sich, sondern insbesondere die Tatsache, dass er sich von Lydia nicht beruhigen lässt. Sie tröstet nicht ausreichend und übersieht, dass Quentin unglücklich ist. Lydia kann ihm noch keine sichere Basis sein. Darauf macht Quentin aufmerksam.

Gewaltvolle Abschiede vermeiden

Lydia nimmt Quentin aus dem Arm seiner Mutter. Quentin zeigt durch sein **Klammern** und **Schreien** deutlich, dass er nicht in der Kita bleiben möchte. Sein Bindungsverhaltenssystem ist stark aktiviert. Das Klammern signalisiert: „Ich möchte hier nicht bleiben, ich fühle mich hier nicht sicher!" Eine solche Übergabesituation sollte möglichst vermieden werden.

Im Rahmen der aktuell verpflichtenden **Kinderschutzkonzepte** sollte auch darüber gesprochen werden, was es bedeutet, einen Abschied während der Beziehungszeit und danach so wenig gewaltvoll wie möglich zu gestalten. Es empfiehlt sich, dass jede Einrichtung verbindliche Kriterien entwickelt, welche Verhaltensweisen bei Abschieden unterstützenswert sind und welche nicht. Auch für Eltern können diese Kriterien transparent dokumentiert und zu Beginn der Ankommenszeit verbindlich besprochen werden.

Ein klammerndes Kind, wie in Quentins Fall, sollte nicht gewaltvoll aus dem Arm seiner Eltern genommen werden. Auch ein stark weinendes, wütendes, strampelndes Kind sollte nicht unter Zwang übergeben werden. Das sind Zeichen, die deutlich machen: „Ich sage Nein, das ist meine Grenze!" Diese Verhaltensweisen können beim Kind ein Überwältigungsgefühl auslösen und kommen einem Bindungsabbruch gleich. Damit einher geht ein starkes Stresserleben, das zu einer Stressreaktion mit traumatischen Folgen führen kann (siehe Seite 11ff.). In Quentins Fall zeigen das Weinen, seine Wutreaktion und seine Resignation deutlich, dass die Ankommensphase für ihn noch nicht abgeschlossen ist und er seine Mutter noch braucht. Quentin muss da nicht durch, er benötigt Lösungen zu seinem Wohl.

Was kann Lydia stattdessen tun?

Bisher zeigte Quentin (Körper-)Signale, die vermuten ließen, dass er gut in der Einrichtung angekommen ist. Aus diesem Grund beschlossen seine Mutter und Lydia, dass die Ankommenszeit abgeschlossen ist. Lydia ist nun umso überraschter, dass Quentin sich seit zwei Tagen nicht mehr von seiner Mutter lösen möchte und protestiert. Er klammert und schreit, wenn seine Mama gehen will. In der Garderobe kann Lydia zu Quentin sagen: „Du klammerst dich ganz fest an die Mama. Du willst sie gar nicht gehen lassen, stimmt's?" Lydia lässt Quentin Zeit. Sie geht mit der Mutter ins Gespräch, um herauszufinden, ob am Morgen etwas vorgefallen ist, wie Quentin geschlafen hat und ob es zuhause Veränderungen gab. Lydia geht gemeinsam mit der Mutter auf Ursachenforschung und bittet sie, an diesem Morgen noch mit in den Gruppenraum zu kommen. Auch im Team bespricht Lydia ihre Beobachtungen und holt sich die Meinungen der Kolleg:innen ein. Sie bittet eine Kollegin, am nächsten Tag mit zu beobachten, um ihre Sicht auf die Situation zu erhalten.

Den Grund für das Weinen herausfinden

Lydia geht davon aus, dass das Klammern und das plötzliche, starke Weinen von Quentin einen wichtigen Grund haben. Sie versteht sein Weinen als Signal, das auf **unerfüllte Bedürfnisse aufmerksam** macht. Die Fachkraft überlegt also für sich und im Team, welche Gefühle bei Quentin zu spüren sind und welche Bedürfnisse nicht ausreichend erfüllt sein könnten.

Lydia überlegt, ob es um Traurigkeit und Trost geht, wie Quentin seine Traurigkeit verarbeitet und ob er sich in einem Trauerprozess befindet. Oder geht es um Schutz und Sicherheit, weil Quentin noch keine ausreichende Beziehung zu Lydia aufbauen konnte? Die Fachkraft stellt fest, dass Quentin durch seine Wut und das Hauen deutlich zeigt, dass seine Grenzen überschritten sind. Aus ihrer Erfahrung heraus weiß sie, dass reine Traurigkeit sich anders zeigt. Lydia überlegt weiter: Möchte Quentin womöglich darauf aufmerksam machen, dass er mitbestimmen möchte? Es ist nicht unbedingt notwendig, die genauen Bedürfnisse herauszufinden, viel wichtiger ist ihre Haltung, dass Quentin mit seinem Weinen auf unerfüllte Bedürfnisse aufmerksam macht (vgl. Wedewardt & Hohmann 2021).

Lydia kommt zu dem Schluss, dass Quentin durch sein Weinen und seine geringe Bereitschaft, sich von ihr trösten zu lassen, zeigt, dass er noch keine tragfähige Beziehung zu ihr aufgebaut hat. Sie nimmt Quentins Hinweise ernst und sieht ein, dass die Beziehungszeit zu schnell abgelaufen ist und nicht ausreichend an seinen Bedürfnissen ausgerichtet wurde. Lydia weiß, dass die **Intensität des Weinens** ein ernst zu nehmendes Zeichen ist. Sein Schreien und Protestieren ist Quentins Art, zu kommunizieren und zu sagen: „Stopp!"

Lydia überdenkt ihre eigenen **Glaubenssätze.** Damit sie passend auf Quentin und seine Mutter eingehen kann, bespricht sie mögliche Glaubenssätze im Team. Lydia dachte bisher, dass Weinen zur Ankommenszeit dazugehört und sie da nun durch müsse. Durch ihre Reflexion und eine stimmige Leitlinie für die Abgabemomente am Morgen konnte Lydia dazu jedoch eine klare Haltung entwickeln und Sicherheit gewinnen. Sie entscheidet, dass das Weinen bei Quentin nicht zur Ankommenszeit dazugehört. Stattdessen möchte sie für Quentins Rechte einstehen.

Stellung beziehen und Verantwortung übernehmen

Lydia entscheidet aufgrund ihrer Beobachtungen und Überlegungen, dass die Beziehungszeit noch nicht abgeschlossen ist. Sie weiß genau, dass sie Quentin am Morgen nicht gewaltvoll übernehmen möchte und darf. Die Leitlinie für die Abgabemomente gibt ihr Sicherheit, wenn sie nun der Mutter kommuniziert, dass sie ihn nicht weinend übernimmt. Gemeinsam überlegen Mutter und Fachkraft dann, wie sie Quentin gerecht werden können. Gemeinsam suchen sie kreative Lösungen, die für Quentin und seine Familie machbar sind.

- **Mehr Zeit nehmen am Morgen:** Die Mutter könnte sich am Morgen mit Quentin mehr Zeit nehmen, um anzukommen.
- **Schwellenangst:** Es könnte helfen, wenn die Mutter noch mit in den Gruppenraum kommt, Quentin in ein Spiel begleitet und dann geht.
- **Einen Schritt zurückgehen:** Die Mutter könnte wieder mehr Zeit in der Kita verbringen (z.B. 30 Minuten am Morgen), bevor sie geht.
- **Weniger Betreuungszeit:** Quentin könnte vorübergehend weniger Stunden oder weniger Tage in die Einrichtung kommen.
- **Neue Begleitperson:** Eine andere Quentin vertraute Person, zum Beispiel der Vater, kann die Beziehungszeit in der Einrichtung übernehmen.
- **Abschiedsritual etablieren:** Winken, Übergangsobjekte nutzen etc.

Je nach konkreter Situation sind natürlich weitere Lösungen gut und möglich.

8 „Bitte nicht weinen!" Reaktivierung von erinnertem Schmerz

Den pädagogischen Fachkräften, ihren Empfindungen und Bedürfnissen wird in Eingewöhnungsprozessen bisher wenig Beachtung geschenkt. Doch spielen diese Befindlichkeiten eine genauso wichtige Rolle wie die der Kinder und Eltern. Denn die Beziehungsfähigkeit der Fachkraft, ihre Reflexionsbereitschaft und ihre Fähigkeit, mit sich selbst, den eigenen Gefühlen und Bedürfnissen verbunden zu sein, sind ausschlaggebend dafür, wie gut oder weniger gut das Ankommen gelingt.

Fachkräfte können Erinnerungen in sich tragen, die sich aus Erfahrungen entwickelt haben – Erfahrungen aus der eigenen Kindheit zuhause oder in der außerfamiliären Betreuung. Das kindliche Gehirn ist noch stark formbar und speichert ab, was es bedeutet, Beziehung, Trennungen und Abschiede zu erleben. Wiederkehrende Abschieds- und Trennungsmomente können also Auslöser für unangenehme Gefühle und schmerzhafte (unbewusste) Erinnerungen sein. Bleiben eingeprägte, negative Erfahrungen mit Trennung und Abschied unreflektiert, können sie Beziehungszeiten zur Herausforderung werden lassen. Werden eigene Glaubenssätze jedoch wahrgenommen, reflektiert und integriert, können sie als wertvoller Erfahrungsschatz nutzbar werden.

Das Beispiel

Fachkraft Viola gewöhnt momentan die einjährige Chayenne in ihrer Krippengruppe ein. Jedes Mal, wenn sich der Moment des Abschieds nähert, wird Viola schlecht und ihr Puls wird fühlbar schneller. Sie weiß, dass Chayenne dann manchmal weint, und das macht Viola große Bauchschmerzen. Es sind immer wieder die Abschiedssituationen, die Viola enorm unter Stress setzen. Sie merkt, dass sie in Zeiten von Eingewöhnungen nach der Kita ausgelaugt ist und oft krank wird. Deshalb möchte sie eine Eingewöhnung so schnell es geht über die Bühne bringen. „Es ist egal, ob ein Kind weint", denkt sie, „da müssen wir alle durch! Lieber kurz und schmerzlos. Das ist für alle besser!"

Was ist hier passiert?

Violas Körper reagiert auf Abschiedsmomente und Trennungen außergewöhnlich stark. Sie spürt eine Angst, wenn Abschiede anstehen. Hier kann es sein, dass die Ankommenszeiten in der Einrichtung Viola, ohne dass sie es weiß, immer wieder mit eigenen Trauererfahrungen konfrontieren, die unverarbeitet sind. Und es kann sein, dass in diesen Momenten unbewusste Erinnerungen zutage treten, die Einfluss auf ihre Umgangsweise mit den Abschieden nehmen.

Unbewusste Erinnerungen nehmen Einfluss auf die Eingewöhnung

„Erfahrungen in der Vergangenheit haben eine starke Wirkung darauf, wie wir das, was wir sehen und fühlen, verstehen. Dieser Einfluss entsteht aufgrund von Assoziationen im Gehirn, wobei verschiedene Neuronen (oder Hirnzellen) miteinander verbunden werden" (Siegel & Bryson 2017, S. 95).

Kommt eine Eingewöhnung immer wieder an einer ähnlichen Stelle, zu einem ähnlichen Zeitpunkt und unter ähnlichen Umständen ins Stocken, ist sie dann mit äußerst unangenehmen Gefühlen verbunden, sind starke körperliche Reaktionen oder eine starke Erschöpfung zu spüren, kann es sein, dass eigene **biografische Erfahrungen** angestoßen werden. Für die pädagogische Fachkraft gilt: „Auch deren Erlebnisse aus der Vergangenheit sind für die feinfühlige Arbeit als Erzieherin von Bedeutung und können zu Verstrickungen mit Eltern und dem Baby führen" (Brisch 2014, S. 178).

> „Auch wenn die Eingewöhnung richtig gut ist, kann sie unverarbeitete traumatische Erlebnisse von früher auslösen – bei Kind, Eltern und bei den Fachkräften"
> (Alemzadeh 2021b, S. 40).

Da Viola zum wiederholten Mal starke **körperliche Reaktionen** spürt, immer genau dann, wenn sich der Abschied nähert, kann eine implizite Erinnerung auslösend sein. Violas Gehirn hat vermutlich im Zusammenhang mit Abschied und Traurigkeit Erinnerungen abgespeichert, die diesen starken inneren Stress und diese Erschöpfung bewirken. Auch wenn Ankommenszeiten an sich emotional herausfordernd sind, hat Viola das Gefühl, mehr Unruhe und Stress zu empfinden als ihre Kolleg:innen.

Somatische Marker

Der **Körper speichert Erfahrungen** im Unterbewusstsein ab und verknüpft diese Erfahrung mit Gefühlen. Er hat ein Körpergedächtnis, das ihm das Überleben sichern möchte. Das Körpergedächtnis merkt sich Momente, in denen er Gefahr und damit einer starken Stressreaktion ausgesetzt war. Der Hirnforscher Antonio Damásio nennt diesen Wissensspeicher des Körpers „Somatische Marker" (ebd. 1994). Taucht eine ähnlich erlebte Situation erneut auf, verwendet der Körper seine Energie darauf, vor dieser schmerzhaften Erfahrung zu warnen und sie zu vermeiden. Er „markiert" die Erfahrung mit starken (unangenehmen) Emotionen (vgl. ebd.; Weber 2019, S. 21). Diese Erfahrungen sind so lange schadlos im impliziten Gedächtnis aufgehoben, bis ein bestimmter äußerer Reiz sie anstößt (triggert).

In den vergangenen Generationen war es üblich, dass Kinder ohne Eingewöhnung im Kindergarten abgegeben wurden. Es war auch ganz normal, dass Kinder bei Oma, Tante oder Freunden gelassen wurden, ohne dass sie im Vorhinein eine tragfähige Beziehung zu ihnen entwickeln konnten. Sie wurden womöglich abgegeben, obwohl sie stark weinten und protestierten.

Transgenerationales Trauma

!

Traumatische Erfahrungen mit Abschied und Verlust können nicht nur aus der eigenen Erinnerung stammen, sondern auch als **transgenerationales Trauma** zum Vorschein kommen. Man spricht dann auch von einer „epigenetischen Vererbung" (Strüber 2019, S. 246). Das Stresserleben wird folglich über die Gene oder die Beziehungserfahrungen weitergegeben.

Hat zum Beispiel Violas Mutter ihre Mutter bereits früh verloren und sie diesen Verlust nie wirklich verarbeitet, kann es sein, dass diese schmerzhafte Erinnerung noch heute Einfluss auf Violas Privatleben und ihre professionellen Beziehungen haben.

Menschen, die als Kind selbst **feinfühlig getröstet** wurden, fällt es meist leichter, Kinder adäquat zu trösten. „Man kann davon ausgehen, dass

Menschen, die gut trösten können, als Kinder selbst angemessen getröstet wurden und ihre Bedürfnisse respektiert und versorgt wurden, während Menschen, die keinen Trost spenden können, diesen früher selbst nicht oder kaum erfahren haben" schreibt die Kinder- und Jugendlichen Psychotherapeutin Gundula Göbel in ihrer Broschüre (2021) „Die Kraft des Tröstens. Trost – Emotionale Nahrung fürs Leben". Die gute Nachricht ist: Selbst wenn Sarah diese Erfahrung nicht gemacht hat, kann sie eine empathische Haltung entwickeln. Das bedarf jedoch der Bereitschaft, **Reaktionsmuster zu reflektieren** und verändern zu wollen. Es kostet Mühe und Kraft, ist aber möglich.

Wichtig kann auch sein, wie Abschiede in der Kindheit selbst erlebt wurden: Wie wurden sie gestaltet? Wurden sie als kontrollierbar erlebt? Wieviel Mitbestimmung war möglich und wieviel Trost wurde erfahren? All das nimmt Einfluss darauf, wie pädagogische Fachkräfte Beziehungszeiten und Abschiedsmomente in ihrer Arbeit erleben und gestalten. Weil Kindertagesbetreuung reich an Abschieds- und Trennungsmomenten ist, kommen diese erlebten inneren Anteile und die damit verbundenen Erfahrungen in der Praxis zum Tragen.

Bedrohliche Gefühle abwehren

Auf der Grundlage eigener (traumatischer) Erfahrungen können in Abschiedssituationen während der Ankommenszeit eigene negative Erinnerungen getriggert werden. Damit verknüpft sind oft **schmerzhafte Gefühle.** Weil es jedoch zu bedrohlich scheint, diese Gefühle zu spüren, werden sie abgewehrt. Wir wollen sie (unbewusst) vermeiden. Viola möchte den eigenen schmerzhaften Erfahrungen und den damit einhergehenden unangenehmen Gefühlen aus dem Weg gehen. Deshalb soll die Beziehungszeit auch schnell „über die Bühne" gehen. Ihr Unterbewusstsein möchte Viola auf diese Art schützen. Zu bedrohlich und schmerzhaft fühlen sich für sie die immer wiederkehrenden Abschiedsmomente an. Indem Viola denkt „Da müssen wir alle durch! Lieber kurz und schmerzlos. Das ist für alle besser!" **projiziert** sie ihr Empfinden auf Chayenne. Viola hegt den Wunsch, nicht zu lange mit ihren schmerzhaften Empfindungen konfrontiert zu sein. Problematisch ist daran, dass sie folglich mehr bei ihren Gefühlen und eigenen unerfüllten Bedürfnissen nach Zuwendung, Trost und Verständnis ist, als bei denen von Chayenne und ihrer Familie. Im Grunde könnte man sagen, dass Viola ebenso jemanden bräuchte, der sich in dem Moment liebevoll um sie kümmert, der sie mit ihrem Schmerz und ihrer Hilflosigkeit sieht und annimmt.

Glaubenssätze hinterfragen

Um die eigene Wirklichkeit zu strukturieren und zu sortieren, entwickeln wir im Laufe unseres Lebens sogenannte Glaubenssätze.

> Tiefsitzende, unbewusste Glaubenssätze sind „ein Filter für unsere Wahrnehmung" (Stahl 2015, S. 59).

Unsere Glaubenssätze beeinflussen, wie wir eine Situation wahrnehmen, wie wir fühlen und was wir denken. Ist es uns möglich, uns diese bewusst zu machen, können wir auch Einfluss auf unsere Gefühle und letztlich auf unser Handeln nehmen.

Auf der Grundlage eigener Erfahrungen entwickeln Menschen ein Weltbild, das als wahr abgespeichert wird. Diesem Weltbild können Glaubenssätze aus der eigenen Kindheit, aber auch aus Erfahrungen in der Ausbildung, zum Beispiel in Praktikumseinrichtungen, zugrunde liegen. So kann es sein, dass im Zusammenhang mit Ankommens- und Abschiedsphasen folgender Satz verinnerlicht wurde: „Die erste Trennung ist immer nach drei Tagen!" Hinderliche Glaubenssätze können einer gelingenden Beziehungszeit im Weg stehen. Viola denkt auf der Grundlage ihrer eigenen schmerzhaften impliziten Erinnerungen: „Da müssen wir durch!" und „Lieber kurz und schmerzlos". Vermutlich sind das Sätze, die sie selbst als Kind, später in der Ausbildung oder bei ihren Kolleg:innen gehört hat.

Hinderliche Glaubenssätze in der Eingewöhnung

- „Lieber kurz und schmerzlos."
- „Weinen gehört dazu!"
- „Da müssen wir durch!"
- „Wenn wir einmal einknicken, schreit das Kind noch mehr."

Es gibt auch **Glaubenssätze, die kulturgeprägt** sind und ebenfalls ausschlaggebend dafür sein können, wie zugewandt eine Fachkraft die Familie in der Ankommenszeit begleiten kann. Wird zum Beispiel grundsätzlich davon ausgegangen, dass arabische Familien klammern und ihren Kindern nichts zutrauen oder russische Kinder streng erzogen werden, kann das Einfluss auf die Gestaltung der Ankommenszeit nehmen. Haben pädagogische Fachkräfte verinnerlicht, dass die Krippe für Kleinkinder nicht gut ist, vermitteln sie diese Unsicherheit auch in der Ankommenszeit. Diese (biografischen) Prägungen nehmen automatisch Einfluss auf das Weltbild, die Glaubenssätze und somit auf die pädagogische Haltung der Fachkraft in der Beziehungszeit.

Äußere Stressoren und unerfüllte Bedürfnisse

Eine Ankommenszeit kann für pädagogische Fachkräfte ebenso belastend sein wie für Kinder und Eltern. Äußere Rahmenbedingungen wie zu wenig Personal, zu große Gruppen und die Lautstärke sind Einflüsse, die Stress auslösen können. Dadurch wird das Stressfass automatisch voller und das Bedürfnisfass leerer (vgl. Wedewardt & Hohmann 2021, S. 22). Bedürfnisse wie Ruhe, Entspannung, Autonomie, Selbstbestimmung, Wirksamkeit können dabei möglicherweise in einen Mangelzustand geraten. Sind die Bedürfnisse von Viola also nicht ausreichend erfüllt, kann sie sich weniger feinfühlig um andere kümmern.

Was kann Viola stattdessen tun?

Man kann unbewusste Erfahrungen nicht vergessen. Es ist nur möglich, sie sich bewusst zu machen, zu verarbeiten und zu lernen, damit professionell umzugehen. Eigene Erfahrungen sind kein unabänderliches Schicksal, nichts, was für immer bleibt (vgl. Siegel & Bryson 2017, S. 189). Um professionell handeln zu können, ist es Violas Aufgabe sich mit ihren störenden, stressauslösenden Reaktionen in der Eingewöhnung auseinandersetzen und Handlungsstrategien einüben, die gesund sind.

Der Veränderungsprozess in Stufen

1. **Erkennen:** Störendes, bedrohliches, verunsicherndes, starke Gefühle auslösendes, Selbstzweifel bildendes Verhalten bemerken.
2. **Verstehen:** Verhaltensweisen möglicherweise in einen biografischen Zusammenhang bringen und die damalige Schutzfunktion begreifen.
3. **Neue Strategien entwickeln:** (Mit einer vertrauten Person) Neue Strategien entwerfen.
4. **Einüben:** Neue Strategien ausprobieren und üben.

(vgl. Wedewardt & Cantzler 2022, S. 26)

Der erste Schritt, um einen anderen Umgang mit den für die so herausfordernden Abschiedsmomenten zu finden, ist für Viola, zu **bemerken,** dass sie konfliktreiche Erfahrungen damit hat. Sie hat bereits festgestellt, dass sich ihr Körper in der Beziehungszeit anders verhält als sonst. Den ersten Schritt der Reflexion ist sie somit gegangen. Hilfreich ist auch, den Fokus darauf zu lenken, an welchen Stellen eine starke, übermäßige Gefühlsreaktion zu spüren ist, die mit heftigem Zorn, plötzlicher Unsicherheit oder starkem Selbstzweifel einhergeht (vgl. Wedewardt & Cantzler 2022, S. 147). Das sind gute Hinweisgeber dafür, dass unverarbeitete Konflikte im Raum stehen. Wenn eine Reaktion also nicht angemessen scheint, sollte Viola tiefer schauen.

Als nächstes kann Viola versuchen, zu **verstehen,** wie es dazu kommt, dass sie so starke körperliche und emotionale Reaktionen in den Abschiedsmomenten zeigt. „Es gehört zur pädagogischen Professionalität zu klären, warum bestimmte Situationen bestimmte Gefühle in der Fachkraft auslösen" (Alemzadeh 2021a, S. 39).

Folgende Fragen sind dabei hilfreich:

- An was erinnert mich diese Situation?
- Woher kommen meine Gefühle?
- Ist die starke (körperliche) Reaktion mit einem biografischen Ereignis in Verbindung zu bringen?
- Welche alten und aktuellen Bedürfnisse könnten unerfüllt sein?

Wenn Viola erkennt, welche Gefühle und welche Bedürfnisse damit in Verbindung stehen können, kann sie nun versuchen, neue **Strategien zu lernen.** Je festgefahrener die alten Strategien sind, desto anstrengender, kraft-, zeit- und nervenaufreibender ist dieser Prozess. Dabei ist es wichtig, den Mut nicht zu verlieren und dranzubleiben.

Eigene Gefühle und Bedürfnisse wahrnehmen

Viola bemerkt, dass jedes Mal, wenn der Abschied naht, eine **große Angst** in ihr aufsteigt. Sie weiß nun, dass ihr Nervensystem diese Angst notwendigerweise im Zusammenhang mit Abschied abgespeichert hat, weil sie als Kind ohne eine begleitete Beziehungszeit in die Betreuung abgegeben wurde. Sie kann diese Reaktion ihres Körpers und seine Erinnerung an die Gefahrensituation mittlerweile einordnen. Das hilft ihr, um auch die Angst liebevoll annehmen zu können. Allein das **Bewusstsein** darüber, dass sie Reaktionen zeigt, die *damals* gesund waren, lässt sie heute besser mit Abschieden in der Kita umgehen. Die Reaktion, die in der damaligen

Situation passend war, kann sie nun proaktiv verändern (vgl. Wedewardt & Cantzler 2022). Sie weiß nun, dass das Kind in der Ankommensphase höchstwahrscheinlich nicht die gleiche Bedrohung wie sie selbst fühlt. Viola konzentriert sich darauf, wahrzunehmen, wie gut es Chayenne bei ihr geht.

Die Fachkraft kann mittlerweile verstehen, dass sie in der Kindheit verschiedene **Bedürfnisse** hatte, die nicht ausreichend von Erwachsenen gesehen und erfüllt wurden. Viola konnte reflektieren, dass sie damals das Bedürfnis nach Schutz, Geborgenheit, Trost und Mitbestimmung hatte. Ihr gelingt es mittlerweile, diese Bedürfnisse bei sich selbst in der Ankommensphase wahrzunehmen. Ihr helfen zum Beispiel die positiven Glaubenssätze „Alle sind sicher!" und „Weinen ist erlaubt!", um die eigene Angst zu regulieren.

Aber nicht nur „alte" Bedürfnisse kommen in der Ankommenszeit auf, sondern auch aktuelle Bedürfnisse. Diese schafft Viola mittlerweile besser zu kommunizieren. Sie nimmt zum Beispiel früher wahr, wenn sie Ruhe, Entspannung oder Unterstützung braucht. Sie übernimmt selbst Verantwortung für ihre Bedürfnisse und differenziert, welches ihre und welches die Bedürfnisse von Cheyenne sind.

Strategien einüben

Es gibt mehrere Möglichkeiten, um Verhaltensweisen zu verändern. Viola sollte sich jedoch immer vergegenwärtigen, dass es sich um einen **Lernprozess** handelt, der nicht von heute auf morgen gelingen kann. Das Gehirn muss durch regelmäßiges Training neue Pfade entwickeln. Das braucht Zeit und Übung. Dennoch braucht es auch ganz viel Nachsicht. Viola sollte von sich selbst nicht erwarten, dass jahrelang eingeübte Strategien unmittelbar veränderbar sind.

Kontakt mit sich selbst aufnehmen: Viola kann in den akuten Situationen in sich hineinspüren, welche Gefühle aufkommen und welche Bedürfnisse unerfüllt sind. Leichter gelingt das mit regelmäßigen Meditationen und kurzen Achtsamkeitsübungen, indem Viola immer wieder einen Moment innehält und sich fragt: „Was fühle ich gerade?" „Was brauche ich gerade?"

Gefühle differenzieren: Viola kann auch üben, zwischen den eigenen Gefühlen und den Gefühlen des Kindes in der Beziehungszeit zu unterscheiden. Sie kann sich fragen: „Fühle ich das gerade oder das Kind?" „Fühlt das die Mutter oder ist es mein eigenes Gefühl?"

Selbstfürsorge: Viola kann für sich selbst sorgen, indem sie wahrnimmt, was sie braucht. Benötigt sie Unterstützung, kann sie diese einfordern, benötigt sie einen Moment Ruhe, kann sie mit ihrer Kollegin besprechen, dass sie für drei Minuten aus dem Raum geht. Benötigt sie Trost, kann sie diesen von dem Partner/der Partnerin zuhause bekommen oder im Rahmen professioneller Hilfe.

Vorstellungen und Glaubenssätze nutzen: Viola kann sich über Imaginationen klar werden, wo sie sich sicher fühlt. Manche fühlen sich in einem Raum sicher, manche im Arm einer geliebten Person, manche an einem Strand, manche, wenn sie etwas Gutes essen. Diese Vorstellung kann Viola in kritischen Situationen helfen, Sicherheit zu gewinnen. Ebenso hilfreich können stärkende Glaubenssätze sein wie: „Jedes Gefühl darf sein." „Ich darf fühlen." „Ich nehme mich mit meinen und das Kind mit seinen Gefühlen an." „Traurigkeit ist sicher." Bei jedem Menschen und je nach Situation können andere Affirmationen unterstützend sein.

Im Team ansprechen: Wenn Viola offen im Team darüber spricht, welche Gefühlsreaktionen sie bei der Gestaltung der Beziehungszeiten hat, kann das eine erleichternde Wirkung haben. Geht das Team wohlwollend mit dieser Information um, kann das eine Bereicherung für alle Beteiligten sein. Ist bekannt, dass Viola aufgrund ihrer Erinnerungen in Ankommensphasen manchmal nicht ausreichend responsiv agieren kann, sucht das Team gemeinsam nach Lösungen. Zum Beispiel kann eine Kollegin Viola als moralische und emotionale Unterstützung zur Seite stehen. Sie achtet auf Viola und gibt ihr Halt, wenn sie das benötigt.

Es kann auch sein, dass gemeinsam beschlossen wird, dass Viola zu den größeren Kindern wechselt und somit keine Ankommenszeiten mehr begleiten muss. Viele Lösungen sind möglich.

Externe Unterstützung suchen

Weil Erfahrungen oft tief im Unterbewusstsein verankert sind, ohne dass ein Zugang gefunden werden kann, ist eine weitreichende Selbstreflexion nur bedingt möglich. Auch sollte eine Kindertagesstätte, Kindertagespflegestelle oder eine Krippe kein Ort einer therapeutischen Auseinandersetzung sein. Viola kann ihren Erinnerungen zwar alleine, durch Gespräche mit Freunden, Verwandten oder im Team auf die Spur kommen. Sinnvoll kann es jedoch sein, sich externe Unterstützung in Form einer Supervision, eines traumasensiblen Coachings oder einer Traumatherapie zu holen (vgl. Alemzadeh 2021b, S. 43).

9 „Sie müssen auch mal loslassen!" Bedürfnisse von Begleitpersonen ernst nehmen

Sobald die Eingewöhnung ins Stocken kommt, kein Fortschritt zu erkennen ist, wird der Begleitperson manchmal das Gefühl gegeben, dass sie der hinderliche Faktor sei. Ihr wird dann manchmal gesagt, dass sie einfach einmal loslassen müsste. Doch Loslassen ist nicht so einfach, es braucht Vertrauen und die Sicherheit, dass das Kind gut in der Einrichtung aufgehoben ist. Nicht nur die Kinder müssen diesen ersten so wichtigen Übergang bewältigen, sondern auch die Eltern wollen mit ihren Gefühlen und Bedürfnissen gesehen werden. Das Loslassen ist auch für sie ein Prozess, der ganz viel Nachsicht, Einfühlung und Bestärkung vonseiten der pädagogischen Fachkräfte benötigt.

Das Beispiel

Das Ankommen des eineinhalbjährigen Leon in der Einrichtung läuft gut. Er hält sich nach einer Woche immer weniger bei seiner Mutter auf und nähert sich der Fachkraft Mark immer wieder an. Leon wollte bereits auf dessen Arm und zeigte dies kompetent, indem er die Arme zu ihm hochstreckte. Besonders interessiert ist er an den Kindern. Er erkundet den gesamten Raum und spielt vertieft. Doch immer, wenn Mark mit der Mutter einen ersten Abschied besprechen möchte, sagt diese: „Nein, nein, ich möchte Leon noch mehr Zeit geben. Er ist so sensibel und braucht mich noch!" Als Mark dennoch eine erste Trennung beschließt, geht Leons Mutter noch drei Mal zu ihrem Kind und fragt, ob es in Ordnung ist, wenn sie geht. Daraufhin weint Leon und die Mutter bleibt im Raum. Mark sagt ihr in einer ruhigen Minute: „Sie müssen auch mal loslassen, sonst löst sich Leon nicht! Sichere Eltern, sichere Kinder. Sie haben sich doch für die Betreuung entschieden!"

Was ist hier passiert?

Die Mutter von Leon zeigt in ihrem Verhalten ganz viel **Unsicherheit.** Die Eingewöhnung und die bevorstehende Trennung machen ihr **Angst.** Sie fragt ihren Sohn aus Unsicherheit noch häufig, ob sie wirklich gehen kann. Dies verunsichert auch Leon und so beginnt er zu weinen. Mark ist frustriert, denn er sieht keine Entwicklung. Der Mutter hilft es in dem Moment jedoch wenig, wenn Mark zu ihr sagt, dass sie auch mal loslassen müsse, wenn es einfach nicht geht. Es gelingt ihr nicht, leichter loszulassen, wenn ihr mitgeteilt wird, dass sich ihre Angst auf das Kind überträgt. Auch die Phrase „Sichere Eltern, sichere Kinder" setzt die Mutter mehr unter Druck, als dass sie ihr Sicherheit gibt. Der Vorwurf von Mark, sie habe sich doch für die Betreuung entschieden, erzeugt zudem **Schuldgefühle,** die ein Loslassen noch mehr hemmen. Nicht nur Kinder, sondern auch Eltern können beim Eintritt in die Kindertagesbetreuung erheblichen Stress erleben (vgl. Griebel & Niesel 2016, S. 59); das sollte immer mit bedacht werden.

Ängste können bei Begleitpersonen auf verschiedenen Ebenen entstehen (vgl. ebd.):

- **Betreuungsbezogene Ängste:** „Handelt es sich um eine gute Einrichtung?" „Ist mein Kind hier sicher?"
- **Kindbezogene Ängste:** „Wird mein Kind das schaffen?"
- **Temperamentsbezogene Ängste:** „Mein Kind ist schüchtern, schwierig, stürmisch – kommt die Fachkraft damit zurecht?"

- **Berufsbezogene Ängste:** „Schaffe ich die Balance zwischen Beruf und Familie?"

Schmerzhafte Erinnerungen

Zu den betreuungsbezogenen und kindbezogenen Ängsten können eigene Erinnerungen hinzukommen, welche die Wahrnehmung und die Sicht auf das Geschehen beeinflussen. Denn eigene (unbewusste) Erinnerungen an Abschiede formen die Wahrnehmungen der Begleitperson. Sie assoziiert und befürchtet (unbewusst), was als Nächstes geschehen könnte. Diese Annahme wird durch vergangene Erfahrungen geformt. Das Gehirn hat sich gemerkt, was geschehen könnte und wie es darauf reagieren muss, um sich zu schützen (vgl. Siegel & Bryson 2017, S. 97).

Ängste können also auch daraus entstehen, dass die Mutter in ihrer **Biografie schlechte Erfahrungen mit Trennungen und Abschieden** gemacht hat. Es kann sein, dass sie Erinnerungen in sich trägt, die vor außerfamiliärer Betreuung warnen. Vielleicht hat sie auch bereits schmerzhafte Trennungserfahrungen mit Leon machen müssen, zum Beispiel weil er als Frühchen geboren wurde und lange Zeit in der Klinik verbringen musste. Vielleicht musste er nach der Geburt zur schnellen Versorgung von ihr weggebracht werden. „Während des Eingewöhnungsprozesses zeigt sich unerwartet das eigene verletzte innere Kind. Das Gefühl, etwa damals selbst alleingelassen worden zu sein, wird jetzt stark reaktiviert und macht es dem Elternteil unmöglich, das eigene Kind zurückzulassen" (Alemzadeh 2021b, S. 42). Eingewöhnungen haben das Potenzial, unbewusste innere Konflikte zu offenbaren.

Auch (kulturgeprägte) **Glaubenssätze** können Ängste schüren oder Schuldgefühle hervorrufen. Sie können der Mutter ein schlechtes Gewissen machen, weil sie zum Beispiel denkt: „So früh darf ich doch mein Kind nicht abgeben!" Ihre Mutter und ihre Oma waren zuhause, bis sie selbst drei Jahre alt war, und sie selbst gibt Leon nun mit eineinhalb Jahren ab …

Trennungsangst der Eltern fördert Trennungsangst der Kinder

Es zeigt sich in der Forschung und in der Praxis immer wieder, dass Beziehungszeiten schwieriger verlaufen, wenn die Begleitperson ein hohes Ausmaß an Trennungsangst mitbringt. Die Kinder zeigen dadurch mehr Ängstlichkeit, Scheu und Irritierbarkeit (vgl. Laewen u.a. 2006). Das innere Einverständnis der Eltern mit der Trennung unterstützt hingegen einen sichereren Einstieg für die Kinder (vgl. Bensel u.a. 2020, S. 13).

Auch wenn klar ist, dass ein Kind jede Mimik, die Körpersprache, jede Zerrissenheit und **Ambivalenz** der Begleitperson bemerkt, lautet die Frage nicht, wie die Mutter die Angst abstellen und loslassen kann, sondern vielmehr, wie sie so viel Sicherheit gewinnt, dass sie loslassen kann. Sie benötigt in dieser Situation umso mehr Verständnis, Zuwendung und Rückhalt durch die pädagogische Fachkraft.

Druck verhindert das Loslassen

Mark erwartet von der Mutter, dass sie doch „einfach loslassen" solle, dann würde die Eingewöhnung besser laufen. Für ihn scheint das Verhalten der Mutter nicht nachvollziehbar und sinnlos. Doch das ist für die Mutter sehr schwer! Macht Mark Druck, ist das Bedürfnis der Mutter nach Sicherheit und Kontrolle noch unterversorgter und sie kann immer weniger gut loslassen. Genauso wie bei Kindern gibt es auch für das Verhalten der Begleitperson und deren Ängste immer einen **guten Grund.** Es ist nicht möglich, auf Knopfdruck zu sagen: „Jetzt habe ich keine Angst mehr!" Loslassen ist ein Prozess, keine einfache Entscheidung. Ablösung kann nur nach und nach geschehen und nicht von heute auf morgen (vgl. Scheerer 2008, S. 122), und die Ursache hinter dem Festhalten benötigt Beachtung und Zuwendung.

Was kann Mark stattdessen tun?

Anstatt der Mutter mit Schuldzuweisungen zu begegnen oder ihre Angst zu beschwichtigen, reagiert Mark auf ihre Angst feinfühlig, mit Verständnis und Mitgefühl. Er folgt dem Motto „Jedes Gefühl darf sein!" – nicht nur beim Kind, sondern auch bei der Mutter.

Loslassen ist nur mit Vertrauen möglich

Damit die Mutter Vertrauen aufbauen kann, reagiert die Fachkraft feinfühlig auf die Angstreaktion und erzwingt den Abschied nicht. Statt zu ihr zu sagen „Sie wollen ja gar nicht loslassen", geht Mark mit der Mutter ins Gespräch.

> Vertrauen kann nicht erzwungen werden, es kann sich nur entwickeln.

Er spiegelt die Situation und sagt: „Ihnen fällt es wirklich schwer, loszulassen. Kann es sein, dass Sie große Angst vor dem Abschied von Leon haben?" In einem ruhigen Moment (z.B. in einem separat geplanten Gespräch) könnte Mark mit der Mutter ergründen, was sie braucht, damit sie schrittweise loslassen kann: „Was denken Sie, kann Ihnen Halt und Sicherheit geben?"

„Alles ist gut"

Vertrauen entwickelt sich auch dadurch, dass Eltern Infos über den tatsächlichen Zustand des Kindes nach der Trennung erhalten. Wenn Eltern erleben, dass die Fachkräfte sie anrufen, wenn das Kind viel weint, und sie die Wahrheit erzählen, wenn es ihrem Kind nicht gutgeht, fördert das das Vertrauen. Erfahren Eltern dagegen, dass Fachkräfte das Unwohlsein ihres Kindes vertuschen und so tun, als wäre alles gut, trägt das eher zu Misstrauen bei und unterstützt das Nicht-loslassen-Wollen zusätzlich.

Gute Gründe für die Trennungsangst

Auch wenn Mark nicht sofort weiß, warum Leons Mama nicht loslassen kann, geht er davon aus, dass sie einen guten Grund für ihre Ängste hat. Ist nach drei Wochen kein Fortschritt erkennbar und die Mutter zeigt deutliche Zeichen, dass sie nicht gehen will, sollte Mark mit ihr ins Gespräch gehen, um sich mit ihr gemeinsam auf Spurensuche zu begeben und herauszufinden, was ihre guten Gründe sind. **Mögliche Gründe** können sein:

Sympathie/Antipathie: Es kann sein, dass Leons Mutter Mark schlicht unsympathisch findet. Sympathie ist für eine Erziehungspartnerschaft jedoch von großer Wichtigkeit. Denn Kinder spüren, wenn ihre Eltern ihre Betreuungsperson nicht mögen. Es hat in jedem Fall eine ungünstige Auswirkung auf die kindliche Entwicklung, wenn es Spannungen oder Antipathien zwischen Eltern und den Betreuungsperson gibt (vgl. Scheerer 2008, S. 130). Dann sollte eine neue Bezugsfachkraft gefunden werden. Mark weiß, dass es zu einem professionellen Umgang gehört, im Ankommensprozess auch, ohne beleidigt zu sein, anzuerkennen, dass er selbst in diesem Fall nicht der Richtige ist.

Unsicher-ambivalentes Bindungsmuster: Menschen mit einem unsicher-ambivalenten Bindungsmuster zeigen häufig mehr Trennungsangst (vgl. Bensel u.a. 2020).

Unterschiedliche Werte: In der Einrichtung beobachtet die Mutter Umgangsweisen mit den Kindern, die den eigenen entgegenstehen. Das ist der Grund, warum ihr das Loslassen schwerfällt.

Beobachtung von gewaltvollem Handeln: Die Mutter beobachtet Verhaltensweisen, die sie als gewaltvoll einordnet (vgl. Maywald 2019) und möchte ihr Kind deshalb nicht loslassen.

Bedürfnisse der Mutter: Ein oder mehrere Bedürfnisse der Mutter sind nicht ausreichend erfüllt.

Bedürfnisse der Eltern im Ankommensprozess berücksichtigen

Die Beziehungszeit sollte nicht nur an den Bedürfnissen des Kindes ausgerichtet sein, sondern auch an den Bedürfnissen der Begleitperson. Man könnte sogar sagen, dass die **Orientierung an den Bedürfnissen der Begleitperson noch dringender** sein kann als an denen der Kinder. Wenn Eltern starke Ängste haben und ihre Trennungsangst ausschlaggebend für die des Kindes ist, dann sollte der Fokus darauf liegen, wie wohl sich die Begleitperson fühlt. Ziel sollte also sein, zu schauen, wie die Begleitperson Sicherheit gewinnen und Vertrauen aufbauen kann. Ähnlich wie bei den Kindern baut sich Vertrauen auf, indem die Fachkraft Beziehungsangebote macht, Offenheit zeigt, lächelnd zugewandt ist und insbesondere die Bedürfnisse der begleitenden Person feinfühlig beantwortet: „Sie sind willkommen und haben hier einen Platz!" Sind in der Beziehungszeit starke Unsicherheiten zu bemerken, sollte sich Mark in diesem Fall weniger auf Leon konzentrieren als vielmehr auf seine Mutter. Zum Beispiel kann er sich fragen, welche Bedürfnisse bei der Mutter noch nicht ausreichend erfüllt sind.

Mögliche Bedürfnisse von Begleitpersonen

Sicherheitsbedürfnisse: Vertrauen, Verlässlichkeit, Kontrolle
Trostbedürfnisse: Trost, Gesehenwerden, Verständnis
Führungsbedürfnisse: Struktur, Orientierung, Halt
Autonomiebedürfnisse: Selbstbestimmung, Mitbestimmung

Es kann sein, dass das Bedürfnis nach Sicherheit, Vertrauen und Kontrolle wichtig ist. Manchmal kommt es jedoch auch vor, dass das Bedürfnis nach **Führung und Orientierung** Priorität hat. Verläuft eine Ankommenszeit lange ohne Fortschritt oder wirkt zum Beispiel die Mutter orientierungslos, kann es sinnvoll sein, die Mutter „an die Hand" zu nehmen und klare Ansagen zu machen. Begleitpersonen aus anderen Kulturen, wie zum Beispiel aus manchen afrikanischen Ländern, können mit einer großen Freiheit und einem beobachtenden, behutsamen Vorgehen möglicherweise nur schwer umgehen, weil sie es gewohnt sind, dass Bezugspersonen Kindern gegenüber ein „strukturierendes und kontrollierendes Verhalten" (Lamm 2018, S. 1) zeigen. Falls folglich das Bedürfnis nach Führung spürbar ist, sollte Mark das Zepter in die Hand nehmen und einen Abschied zum Wohle des Kindes und der Mutter bestimmen. Er kann den genauen Ablauf mit der Mutter besprechen, nicht um über sie zu bestimmen, als vielmehr, um ihr und dem Kind eine Entlastung zu geben. In diesem Fall wird die Mutter nur wenig protestieren und die Führung dankend annehmen. Mark könnte sagen: „Ich habe Leon nun seit einigen Tagen beobachtet und merke, dass es ihm hier wirklich gutgeht. Schauen Sie, wie entspannt er spielt und wie häufig er zu mir kommt und Unterstützung bei mir sucht. Ich glaube, er ist so weit, wir können einen ersten Abschied machen! Draußen im Flur wartet meine Kollegin auf Sie. Mit ihr können Sie reden, wenn Sie eine starke Traurigkeit nach dem Abschied spüren."

Protestiert die Mutter jedoch, wenn Mark den Abschied bestimmt, werden Bedürfnisse von **Selbst- und Mitbestimmung** sichtbar. So könnte Mark eine Wahlfreiheit gewährleisten und zum Beispiel sagen: „Nächste Woche können wir meiner Meinung nach einen Abschied versuchen. Können Sie mir sagen, an welchem Tag es für Sie passt?"

Kommen eigene schmerzhafte Erfahrungen bei der Mutter hoch, wird das Bedürfnis nach **Trost** und zugewandter Fürsorge wichtig. Aber auch für den Abschied an sich ist eine Fachkraft oder die Leitung hilfreich, die die Mutter zum Beispiel auf dem Flur tröstend umsorgt.

Sicherheit und **Kontrolle** empfinden Eltern auf verschiedene Weise. Manchen hilft es, wenn sie anrufen können, sobald sie gegangen sind, um zu fragen, ob es dem Kind gutgeht. Manche Fachkräfte schicken ein Foto per Smartphone, das die Mutter beruhigen kann. Es kann auch helfen, wenn der exakte Ablauf mit der Mutter besprochen wird, was genau wann passiert und unter welchen Umständen sie auf jeden Fall zurückgeholt wird.

Was tun, wenn nichts mehr geht?

Entwickelt sich die Eingewöhnung trotz aller Gespräche und Unterstützungsangebote nicht weiter, braucht es **Veränderung.** Typische Muster und Rituale sollten unterbrochen und verändert werden. Möglich ist, dass die begleitende Fachkraft wechselt oder eine andere Begleitperson das Kind unterstützt. Manchmal kann auch eine Pause in der Beziehungszeit sinnvoll sein. Es ist möglich, neue Verabschiedungsrituale zu versuchen oder die Zeiten zu verändern, zum Beispiel die Ankommenszeiten vom Vormittag auf den Nachmittag zu verlegen. Vielleicht macht es Sinn, eine Verabschiedung an einem anderen Ort zu versuchen, etwa in einem anderen Raum oder im Garten. Oder es wird festgestellt, dass es nicht der richtige Zeitpunkt für eine Eingewöhnung aus der Perspektive des Kindes ist.

Wenn alle anderen Gründe ausgeschlossen werden können und sich Mark sicher ist, dass es die eigenen (unbewussten) Trennungserfahrungen der Mutter sind, die dem Loslösen im Weg stehen, dann wird eine **professionelle Unterstützung** notwendig. Unsichere Bindungsmuster und unbewusste Angstreaktionen der Mutter kann und sollte Mark nicht ohne professionelle Hilfe zu verändern versuchen. Mark kann der Mutter mit viel Wohlwollen empfehlen, sich für ihre Trennungsangst therapeutische Begleitung zu suchen. Dieser Weg sollte jedoch erst eingeschlagen werden, nachdem alle anderen Gründe ausgeschlossen werden konnten.

10 „Jetzt trage ich dich aber nicht mehr!"
Nähe als Chance begreifen

Wie viel Nähe darf im pädagogischen Setting sein? Diese Frage wird immer wieder diskutiert. „Wir müssen schon die **professionelle Distanz** wahren, schließlich sind wir nicht die Eltern" sind Aussagen, die in diesem Zusammenhang immer wieder zu hören sind. Im Zuge der Entwicklung von Schutzkonzepten sind pädagogische Fachkräfte zum Teil stark verunsichert, wie viel körperliche Nähe sie überhaupt noch zulassen dürfen. Demgegenüber stehen jede Menge Erkenntnisse über die Potenziale von Kuscheln, Körperkontakt und Tragen, die hier genauer unter die Lupe genommen werden sollen. Insbesondere im Ankommensprozess kommt der körperlichen Nähe und dem Tragen eine wichtige Funktion zu.

Das Beispiel

Die einjährige Rosalie befindet sich nun seit sechs Wochen in der Einrichtung. Ihre Eingewöhnung wurde nach drei Wochen als beendet beschrieben. Rosalie möchte viel getragen werden und zeigt dies immer wieder durch ihr Weinen, indem sie den Fachkräften hinterher läuft und die Arme nach ihnen ausstreckt. Fachkraft Olivia ist genervt davon, dass Rosalie immer wieder auf den Arm möchte. „Irgendwann ist auch mal gut, ich kann dich schließlich nicht die ganze Zeit tragen", sagt sie mürrisch zu Rosalie. „Da sind auch noch andere Kinder, die mich brauchen. Du musst dich jetzt mal daran gewöhnen, dass ich dich nicht die ganze Zeit tragen kann." Olivia ist der Meinung, dass Rosalie nun bereits eingewöhnt ist und nicht mehr so oft getragen werden muss.

Was ist hier passiert?

Aus Hilflosigkeit und Überforderung verwehrt Olivia dem Kind die Zuwendung, die es so sehr braucht. Eigene Bedürfnisse nach Ruhe, Erholung und Autonomie können zu Olivias Abwehrverhalten führen, aber auch der Anspruch, es allen Kindern recht machen und keines bevorzugen zu wollen. Glaubenssätze können ebenso dazu führen, dass Olivia erwartet, Rosalie gewöhne sich schon daran, nicht mehr auf den Arm zu müssen. Eventuell denkt Olivia, sie würde Rosalie auf diese Weise **verwöhnen** und hat Angst, dass ein zu häufiges Tragen dazu animiert, noch häufiger auf den Arm zu wollen. Somit unterbindet sie den Körperkontakt in der Hoffnung, Rosalie dann nicht mehr tragen zu müssen.

Der Mensch ist ein Tragling

Rosalies Verhalten ist sehr gesund, denn aus verhaltensbiologischer Sicht sind Menschenkinder Traglinge. Sie sind von Natur aus darauf gepolt, in engem (Körper-)Kontakt zu einer Bezugsperson zu sein und sich auf diese Weise Sicherheit zu verschaffen (vgl. Kirkilionis 2013; Hassenstein 2006). Verhaltensbiolog:innen sind sich heute sicher – betrachtet man die stammesgeschichtliche Entwicklung –, dass Menschen für das Tragen gemacht sind (vgl. Kirkilionis 2013). Auch Lieselotte Ahnert greift den Begriff „Tragling“ in ihrem Buch „Frühe Bindung – Entstehung und Entwicklung“ (2004b, S. 235) auf. Sie beschreibt das Tragen als ein Mittel zur nachhaltigen Befriedigung kindlicher Bedürfnisse nach Wärme und Geborgenheit. Rosalie folgt durch ihr Verhalten und dem Wunsch, getragen zu werden, einem Urinstinkt, der ihr Sicherheit und Wohlbefinden verschafft.

Körperliche Nähe reduziert Stress

Das Wohlbefinden durch körperliche Nähe und Körperkontakt lässt sich auch physiologisch erklären. Bei Berührungen und körperlicher Nähe wird das umgangssprachlich als „Kuschel-Hormon” bezeichnete **Oxy-**

tocin ausgeschüttet. Dieses Bindungshormon bewirkt eine körperliche Entspannung, die Beruhigung des Herzschlags und eine deutliche Reduktion des Stress-Hormons Cortisol (vgl. Streit & Jansen 2016). Rosalies Verhalten macht also auch physiologisch gesehen Sinn. Ihr Organismus zeigt ihr instinktiv, dass Körperkontakt für sie wichtig sein kann, um sich sicher zu fühlen und damit Stress abzubauen.

Berührung und Körperkontakt nehmen nicht nur Einfluss auf den Stresshaushalt, sondern unterstützen auch die **sensomotorische Entwicklung,** das emotionale Wohlbefinden und fördern die **kognitive Entwicklung** (Kirkilionis 2013, S. 61). Durch die ständige Bewegung beim Tragen wird zudem der **Gleichgewichtssinn** geschult.

Professionelle Nähe

Die Annahme, pädagogische Fachkräfte müssten die professionelle Distanz wahren, führt manchmal dazu, dass Kindern Nähe verweigert wird, die sie so sehr bräuchten. Kinder brauchen (körperliche) Nähe, sie sind darauf angewiesen, weil sie ihren Stresshaushalt und ihre Gefühle dadurch regulieren können. Sie zeigen meist sehr deutlich, ob sie körperliche Nähe benötigen oder nicht (siehe Seite 78, 114ff.). Insbesondere in der Anfangszeit nach der Ankommensphase suchen viele Kinder Körperkontakt und Nähe, damit sie sich sicher und geborgen fühlen können. Das zeigt auch Rosalie.

Das Tragen bietet **Schutz** vor zu vielen Reizen, vor unruhigen, großen Kindergruppen und vor dem im evolutionären Sinne befürchteten „Allein-gelassen-werden". Wittert das Nervensystem eine Gefahr, sucht es durch die Nähe Beruhigung (vgl. Porges 2021, S. 69). Wenn der Nähebedarf verwehrt wird, braucht ein Kind seine Nähe-Reserven nach und nach auf. Dadurch wird sein Bedürfnis nach Nähe größer und sein Organismus gestresster.

Es wäre dann fatal, mit dem Argument einer professionellen Distanz, Nähe und Tragen zu verweigern. Vielmehr sollte eine Kultur der professionellen Nähe gelebt werden. „Professionelle Nähe kennzeichnet eine Beziehungskompetenz, in der die pädagogische Fachkraft bereit ist, sich sowohl emotional berühren zu lassen als auch körperliche Nähe zu geben, wenn das Kind das Bedürfnis danach äußert. Damit umfasst professionelle Nähe zugleich die Fähigkeit, sich in diesem Beziehungsangebot nicht mit eigenen Themen zu verstricken und Belastungen, die in nahen Beziehungen implizit sind, selbst verantwortlich zu regulieren" (Scherwath 2021, S. 113). Dazu gehört aber auch, dass die Fachkraft die Zeichen, die gegen ein Nähebedürfnis sprechen, kennt, übersetzt und beachtet.

Werden Kindern absichtlich Trost und körperliche Nähe verwehrt, wenn sie diese Zuwendungen brauchen, ist das eine Form von Gewalt.
(vgl. Maywald 2019)

Kindliche Zeichen für oder gegen Nähebedarf

ZEICHEN, DIE FÜR EIN NÄHEBEDÜRFNIS SPRECHEN	ZEICHEN, DIE GEGEN EIN NÄHEBEDÜRFNIS SPRECHEN (vgl. Schneider & Franz 2023, S. 33)
• Ich schaue dich an • Ich zeige mit meinen Handlungen, dass ich Nähe möchte: auf den Schoß klettern, am Hosenbein ziehen, nah bei dir sitzen • Ich sage „hoch“ oder „Arm“ • Ich strecken die Arme aus • Ich weine und lasse mich durch Worte nicht beruhigen • Ich wirke apathisch, gehemmt, lustlos, traurig • Ich spiele nicht • Ich lehne mich an deinen Körper • Ich lege meinen Kopf auf dein Bein	• Mein Muskeltonus ist angespannt, ich versteife mich • Ich wende mich ab, ich vermeide Blickkontakt • Ich protestiere mit meinem Körper oder stimmlich • Ich drücke verbal aus, dass ich das nicht möchte • Ich drücke dich weg, schiebe deine Hand weg oder halte sie fest • Ich schlage dich oder zeige mit anderen vermeintlich „aggressiven” Verhaltensweisen, dass ich nicht will • Ich renne weg • Ich verstecke mich • Ich bin apathisch oder wie „eingefroren” und völlig passiv • Ich weine oder schreie • Meine Mimik zeigt Abwehr, Wut, Resignation, Schrecken und Angst

Der **Nähebedarf von Kindern ist sehr individuell.** Je nach Erfahrung, Persönlichkeit und Alter hat ein Kind insgesamt mehr oder weniger Bedarf an körperlicher Zuwendung. Wichtig ist, dass die **Grenzen aller Beteiligten,** auch die der Kinder, Beachtung finden. Zeigen Kinder, dass sie Nähe brauchen, sollten sie diese bekommen, haben sie jedoch das Bedürfnis nach Distanz, sollte darauf feinfühlig reagiert werden. Aber auch die eigenen Grenzen als Fachkraft, die eigenen Kräfte und Reserven dürfen dabei nicht aus den Augen gelassen werden. All das umfasst professionelle Nähe – zu spüren, wann Nähe notwendig ist, und auch zu bemerken, wann Grenzen überschritten werden.

Körperliche Nähe ist dann **nicht in Ordnung,** wenn das Kind zeigt, dass es sie nicht haben will. Durch verschiedene Signale macht es auf seine Grenzen aufmerksam – durch Mimik, Gestik, mit Worten, die deutlich oder auch sehr „leise" sein können.

Es ist dann die Aufgabe der Fachkraft, diese Zeichen wahrzunehmen.

Befriedigen pädagogische Fachkräfte ihr eigenes Nähebedürfnis durch die Kinder, handeln sie unprofessionell. In diesem Fall ist der Körperkontakt eine Grenzüberschreitung.

Was kann Olivia stattdessen tun?

Olivia bemerkt, wie sehr Rosalie sie braucht. Sie versucht ihr, so gut es geht und soweit es die Rahmenbedingungen zulassen, die **körperliche Nähe zu geben,** die sie benötigt. Der Fachkraft ist bewusst, dass die Krippe für Rosalie noch neu ist, das Mädchen stark verunsichert ist und Sicherheit auf ihrem Arm finden kann. Kann sie Rosalie zum Beispiel aus einer Personalnot heraus wirklich nicht die ganze Zeit tragen, ist es wichtig, Rosalie durch Worte zu vermitteln, dass sie sicher ist und Olivia sich bemüht, sie bald wieder hochzunehmen: „Ich weiß, du möchtest auf meinen Arm. Das ist alles so laut und viel für dich. Ich gehe noch mit Laila Hände waschen, und dann bin ich wieder für dich da!" Olivia nimmt Rosalie mit ins Bad und setzt sie neben sich. Sie weiß, wie wichtig das direkte Bei-ihr-sein für das Mädchen ist. Ohne die Fachkraft würde Rosalie sich verloren und hilflos fühlen. Eine Kollegin nimmt Rosalie nur nach und nach als zusätzliche Beziehungsperson an. Das ist normal und in Ordnung, weiß Olivia. Fühlt sich Rosalie erst einmal bei der anderen Erzieherin sicher, wird sie ihre „Fühler" langsam auch in weitere Richtungen ausstrecken.

Unterstützung holen

Ist die Situation angespannt und zu wenig Personal da, sollte sich Olivia Unterstützung holen. Bevor Olivia etwas sagt, das das Mädchen schmerzen könnte und sein Bindungssystem noch mehr aktiviert, als es sowieso schon ist, sollte sie sich eingestehen, dass sie in der akuten Situation **nicht ausreichend auf die Bedürfnisse der Kinder** eingehen kann. Im Team wurde besprochen, dass es als Stärke angesehen wird, Unterstützung einzufordern, und nicht als Schwäche. Das gibt Olivia Rückhalt und den Mut, für sich und Rosalie zu sorgen.

Nähe durch Tragehilfen

Weil Rosalie immer wieder deutlich zeigt, dass sie getragen werden möchte, setzt Olivia sie mittlerweile in eine **Trage auf ihrem Rücken.** Sie hat sich das Handling und die Kniffe in einer Beratung zeigen lassen und findet seitdem, dass diese Form des Tragens sehr bereichernd und entlastend ist. Olivia hat immer noch die Hände frei und kann sich um andere Kinder kümmern. Rosalie liebt es, in der Trage zu sitzen; dort ist sie viel zufriedener, stellt Olivia fest. Als besonders hilfreich erlebt die Fachkraft die Tragehilfe, wenn Kinder noch nicht so lange in der Einrichtung sind und noch Sicherheit gewinnen wollen, bei Übergängen, wenn Kinder müde sind und wenn sie eine Regulationsunterstützung brauchen.

Möchte ein Kind immer wieder auf den Arm und zeigt durch seine Signale deutlich, dass es sich auf dem Boden bei den anderen Kindern wenig wohlfühlt, kann eine Tragehilfe ein entlastendes Mittel sein. Beim Einsatz von Tragehilfen sollte jedoch einiges beachtet werden:

Exkurs: Das Wichtigste zum Tragen

- Das Tragen benötigt eine gute, **kompetente Einführung,** am besten durch eine Trageberatung oder eine entsprechende Fortbildung (z.B. bei Anne Päts von www.mit-herz-und-rhythmus.de oder Kira Daldrop von www.kiradaldrop.de). Die vielen verschiedenen Tragehilfen, Tragemöglichkeiten und Fehler, die gemacht werden können, erfordern eine professionelle Unterstützung.
- Tragen ist **nicht für jedes Kind** geeignet. Die Fachkraft sollten also genau hinsehen, wem der Aufenthalt in der Tragehilfe gefällt und wem nicht.
- Das Tragen braucht eine **belastbare Beziehung,** damit es als etwas Angenehmes erlebt werden kann. Nicht jede Fachkraft sollte sich „einfach so" das Kind umschnallen. Die Grenzen der Kinder sollten dabei unbedingt beachtet werden.
- Das Tragen soll **kein Mittel zum Zweck** sein, keine Methode, um eine Ankommensphase schneller voranzubringen, um das Kind „wegzuorganisieren" oder personelle Löcher zu stopfen.
- Für Fachkräfte kann eine Tragehilfe eine körperliche Entlastung sein, aber auch eine **zusätzliche Belastung.** Leiden Fachkräfte unter Rückenschmerzen, sollte das Tragen, so oft es geht, durch eine dem Kind schutzgebende Alternative ersetzt werden.
- Weiter ist zu beachten, dass das Tragen bei manchen Kindern oder Erwachsenen **unangenehme Erinnerungen** und damit emotionale Prozesse auslösen kann. Der Einsatz von Tragehilfen ist etwas, mit dem sensibel und behutsam umgegangen werden sollte.

Der Kita Podcast (Folge 30):

Tragen mit Tragehilfen in der Kinderbetreuung
Ein Interview mit Anne Päts

https://beduerfnisorientierte-paedagogik.de/30-tragen-mit-tragehilfen-in-der-kinderbetreuung-ein-interview-mit-anne-paets

In großen Foren im Internet mit zum Teil 100.000 Mitgliedern, in denen sich pädagogische Fachkräfte austauschen, wird das **Tragen kontrovers diskutiert.** Die größte Befürchtung ist, dass das Tragen mit Tragehilfen ungesund sein und einen Verwöhneffekt haben könnte, mit der Folge: „Trage ich ein Kind, wollen sie alle getragen werden!" oder „Trage ich ein Kind einmal, will es immer getragen werden!". Das kann alles durchaus sein, weil es ein Grundbedürfnis und ein Urinstinkt von Kleinkindern ist, nahe bei versorgenden Erwachsenen zu sein. Es ist jedoch keine Option, insbesondere Kleinkindern die Nähe zu verwehren, die sie für ihre Regulation so sehr benötigen.

Olivia merkt, dass das Tragen mit der Tragehilfe für sie **viel angenehmer** ist als das ständige Hoch- und wieder Absetzen von Rosalie. Besonders in Übergangssituationen oder wenn Rosalie sich kaum absetzen lassen will, ist das dann, entgegen mancher Meinung, auch für den Rücken der Fachkraft schonender. Das Gewicht ist gleichmäßiger verteilt und das enge Ansitzen verringert gefühlt Rosalies Körpergewicht. So sprechen biologische, psychologische und neurologische **Argumente für das Tragen.** Es wird also Zeit, dass dem Tragen mit Tragehilfen in der institutionellen Betreuung von Kindern mehr Bedeutung beigemessen wird.

11 „Den Teddy brauchst du jetzt nicht mehr!" Übergangsobjekte und Übergangsrituale schätzen

Viele Kinder bringen für die Ankommenszeit ein Kuscheltier, einen Schal, einen Schnuller oder andere Gegenstände mit in die Einrichtung. Diese Dinge geben ihnen Sicherheit und das Gefühl, etwas von zuhause bei sich zu haben. Manchmal kollidieren die mitgebrachten Schätze jedoch mit dem pädagogischen Alltag oder den Vorstellungen der Fachkräfte.

Das Beispiel

Während der Eingewöhnung hat der vierjährige Ahmed ein Playmobil-Flugzeug dabei. Morgens holt er es aus der Tasche seiner Mutter. Er nimmt es überall mit hin. Manchmal spielt er auch damit, doch meist ist das Flugzeug einfach nur dabei. Ahmed ist sehr neugierig und freut sich jeden Morgen auf die Kita. Er spielt viel und weint selten. Eines Tages sagt ihm Fachkraft Teres, dass er das Flugzeug heute in sein Fach legen müsse. „Es ist kein Spielzeugtag, und du bist nun schon so lange bei uns, langsam kennst du doch die Regeln und kannst dich daran halten!" Ahmed beginnt zu weinen und zeigt deutlich, dass er damit nicht einverstanden ist. Teres besteht jedoch darauf, dass er sein Flugzeug nicht mehr mit in den Gruppenraum und „erst recht nicht in den Garten" nehmen dürfe. Geknickt legt Ahmed sein Flugzeug in der Garderobe ab.

Was ist hier passiert?

Ahmed scheint sehr viel mit seinem Playmobil-Flugzeug zu verbinden. Es ist nicht klar, warum dieser Gegenstand für ihn so viel Bedeutung hat. Trotzdem wird sichtbar, wie wichtig er für ihn ist. Es könnte sein, dass das Flugzeug Ahmed an etwas Bestimmtes erinnert, vielleicht verbindet er damit eine bestimmte Person, etwas oder jemanden, das/der **ihm Halt gibt.**

Regeln hinterfragen

Teres ist es wichtig, wie sie sagt, dass Ahmed lernt, sich an Regeln zu halten. Vermutlich gibt es die Regel vom Spielzeugtag schon lange in der Einrichtung und sie **blieb bisher unhinterfragt.** Es kann auch sein, dass Teres ein Glaubenssatz im Weg steht, der ihr sagt, dass Kinder lernen müssten, sich an Regeln zu halten, und es allein ihre Aufgabe ist, ihnen das beizubringen. Eventuell hat sie Sorge, dass Ahmed, lernt er nicht bald, die Regeln zu befolgen, es später in der Schule schwer haben könnte. Teres meint es gut und möchte ihrer Rolle als pädagogischer Fachkraft nachkommen, die Ahmed Regeln beibringen muss.

In diesem Fall ist die Regel, an die sich Ahmed halten soll, jedoch wenig hilfreich für ihn. Sie führt dazu, dass er seine bisher empfundene Sicherheit durch das Flugzeug aufgeben muss. Eventuell fühlt er sich in Teres Nähe nicht ausreichend sicher und muss sich deshalb noch an sein symbolisch haltgebendes Flugzeug „klammern". Ahmed zeigt kurzen Protest, befolgt jedoch die Vorgabe von Teres. Er weiß aus Erfahrung, dass er tun muss, was die Fachkräfte sagen, denn sonst könnte es ungemütlich für ihn werden. Sein Recht auf Beteiligung und Mitbestimmung (Artikel 12 der UN-Kinderrechtskonvention) wird an dieser Stelle von Teres missachtet. Auch könnte sein Selbstwertgefühl beschämt und seine Integrität verletzt werden.

Der Sinn von Übergangsobjekten

Donald Winnicott (1973), ein psychoanalytischer Therapeut und Kinderarzt, prägte den Begriff des Übergangsobjektes. In seiner Objektbeziehungstheorie bezeichnet er das Selbst eines Menschen zu Beginn des Lebens als sehr zerbrechlich und aufgrund der Geburt noch stark an die Mutter geknüpft. Erst nach und nach fühlt sich ein Säugling auch individuell existent. Ein Übergangsobjekt, wie etwa ein Kuscheltier oder eine Schmusedecke, schafft nach Winnicott eine **Kontinuität des Selbstempfindens** zwischen dem Kind und der Bindungsperson. Durch das selbst gewählte Objekt gelingt dem Kind der Übergang von der ersten frühkindlichen mütterlichen Beziehung zu einer reiferen Beziehung. Das Übergangsobjekt füllt den Raum zwischen dem Kleinkind und der Mutter.

Die Beziehung zwischen dem Kind und dem Übergangsobjekt kann sehr emotional sein. Sie wird als Projektionsfläche nutzbar.

Das Kind kann seine Bedürfnisse, Wünsche und Ängste auf das Objekt projizieren und damit ein Stück weit verarbeiten. Das Übergangsobjekt hat unter Umständen die Funktion, beruhigend zu wirken und Spannungen abzubauen. Wenn Kinder traurig, verletzt oder müde sind, die Hauptbindungsperson vermissen oder nicht gut einschlafen können, hilft das Übergangsobjekt Stress zu reduzieren und zu beruhigen. Das Übergangsobjekt ist somit als wichtiger Helfer in Trennungssituationen zu sehen.

Exkurs: Übergangsobjekte können Stress reduzieren

Das bekannte Experiment mit Rhesusaffen von Harry Harlow (vgl. ebd. 1958; Grossmann & Grossmann 2012/2021, S. 47) unterstreicht dieses Phänomen und zeigt, wie ein Objekt als Bindungspersonen-Ersatz genutzt wird. Eine Erkenntnis war, dass Rhesusaffen-Babys, die statt des Muttertiers eine Stoffpuppe erhielten, eine Bindung zu dieser aufbauten. Sie nahmen die Attrappe als Bindungsersatz an, die Sicherheit spendete, auch wenn sie keine Nahrungsquelle war. Nahm man ihnen diese Puppe weg, zeigten sie deutlich größere Stresszeichen und mehr Angst. Sie verletzten sich selbst, weil sie keine Regulationsmöglichkeit fanden. Mit einer Stoffpuppenattrappe hingegen beruhigten sie sich besser und ihre Erregung nahm nachweislich ab. Insbesondere in der Phase des magischen Denkens können Kinder Stofftieren oder anderen Gegenständen sogar zauberische Fähigkeiten zusprechen (vgl. Siegler u.a. 2008, S. 398), die sie beschützen.

Vor dem Hintergrund dieser Überlegungen wird die Bedeutung von Ahmeds Flugzeug noch einmal deutlicher. Dieses Übergangsobjekt gibt ihm **emotional Halt** und schafft eine **gefühlte Verbindung** zwischen ihm selbst und den Menschen, die ihm Sicherheit geben.

Was kann Teres stattdessen tun?

Teres bemerkt, dass das Flugzeug eine große Bedeutung für Ahmed hat. Von Beginn an hat er es in der Beziehungszeit dabei. Weil Teres klar ist, wie viel Halt ihm das Flugzeug gibt, sieht sie über die Regel „Spielzeug nur am Spielzeugtag" hinweg, die es bisher in der Einrichtung gibt. Durch die Beobachtung von Ahmed und seinem Flugzeug denkt sie das erste Mal intensiver darüber nach, dass die Regel hinterfragt und neu gedacht werden sollte. Sie nimmt Ahmeds Beschwerde ernst und trägt diese in die nächste Teambesprechung. In einer Kinderkonferenz wird der Umgang mit den von zuhause mitgebrachten Spielgegenständen besprochen (gelebte Partizipation). Nach einer ausführlichen Diskussion mit den Kindern und dem Team wird beschlossen, die **Regel abzuschaffen,** und entschieden, dass die Kinder jederzeit etwas von zuhause mitbringen können. Die alte Regel schien für niemanden hilfreich zu sein.

Die Sorge mancher Kolleg:innen im Team, dass zu viele Konflikte aufgrund der mitgebrachten Gegenstände entstünden, kann aus dem Weg geräumt werden, indem diese eher als Lernchance begriffen werden. Das

Team beschließt, die Eltern zu informieren. Die Fachkräfte wollen ihnen die Wichtigkeit von mitgebrachten Kuscheltieren oder Spielzeugen erklären, jedoch auch darüber aufklären, dass die Einrichtung nicht dafür haftet.

Übergangsobjekte zelebrieren

Weil Teres die Bedeutung des Flugzeuges für Ahmed wahrnimmt, fragt sie vorsichtig nach, warum er dieses Spielzeug so liebt. Ahmed spricht noch nicht so gut Deutsch und bleibt bei der Frage zu Anfang eher still. Er bemerkt aber wohl, dass Teres sich für das Flugzeug und damit für ihn interessiert. Nach einigen Wochen, in denen das Flugzeug noch immer nicht von seiner Seite weichen darf, erklärt Ahmed, dass sein Vater mit dem Flugzeug weggeflogen sei. Nun versteht Teres erst so richtig, welche unglaubliche **Wichtigkeit dieses scheinbar unbedeutende Objekt** für den Jungen hat. Ahmed darf sein Flugzeug überall mit hinnehmen: auf die Toilette, in den Garten, zum Essen und zum Schlafen. Teres macht ihm das Angebot, dass sie gemeinsam für das Flugzeug einen besonderen Platz schaffen könnten. Sie bauen einen Flughafen, eine extra Flugzeuggarage und entwerfen gemeinsam ein extra Flugzeugbett neben Ahmeds Bett. Diese gemeinsame Aktion wirkt beziehungsstärkend für Teres und Ahmed.

Beliebte Übergangsobjekte können neben Kuscheltieren oder Spielzeugen auch ein Schal der Mutter, ein Hemd des Vaters oder eine Schnullerkette sein. Gestillte Kinder haben oft die Brust als sicherheitsgebenden Anker. In diesem Fall kann es sein, dass sie Unterstützung benötigen, um neue Sicherheitsanker zu finden. Pädagogische Fachkräfte berichten, dass einige Kinder gerne die Hand in ihren Ausschnitt stecken. In diesem Fall sollte die Fachkraft selbst prüfen, ob sie das will. Reagiert sie ansonsten feinfühlig auf die Signale des Kindes, ist das Kind auch in der Lage, neue Rituale und Orte zu finden, die Sicherheit geben. Es sollte kein Grund dafür sein, Eltern zu empfehlen, frühzeitig abzustillen (siehe Kapitel 3). Übrigens: Es gibt auch Kinder, die keine Übergangsobjekte nutzen. Das sollte nicht zur Beunruhigung führen, denn jedes Kind ist anders.

Symbole als Unterstützung

Auch Symbole können eine **Verbindung zur Bindungsperson** herstellen. Wenn der erste Abschied von der Bindungsperson stattfindet, kann ihre Jacke, ihre Tasche oder der Platz, an dem sie vorher gesessen ist, für das Kind eine sicherheitsgebende Symbolik haben. Betrachtet die begleitende Fachkraft nach der Verabschiedung gemeinsam mit dem Kind ein Buch, welches es kurz davor noch mit seiner Bindungsperson angeschaut hat, schafft das ebenso eine Verbindung zu ihr.

Während der Ankommensphase, aber auch danach können andere **symbolische Übergangshilfen** ein Gefühl der Verbundenheit unterstützen. So kann die Bindungsperson zum Beispiel ihrem Kind und sich selbst jeweils ein Herz auf die Hand malen oder gemeinsam mit dem Kind ein Bild malen, das es in seiner Schatzkiste mit in die Einrichtung nehmen kann. Manche nutzen auch gerne ein verbindendes Zauberarmband, ein Zauberöl oder einen kleinen Zettel in der Brotbox, der beim Aufmachen an zuhause erinnert.

Haltgebende Rituale

Bei genauer Beobachtung können pädagogische Fachkräfte feststellen, welche Rituale Kinder alleine oder mit ihren Bindungspersonen zelebrieren, um sich voneinander zu verabschieden. Manchen Kindern oder Eltern macht zum Beispiel die Tür als Abschiedspunkt Angst. Sie haben eine **Schwellenangst.** Dann kann das Ritual sein, dass die Bindungsperson das Kind noch über die Schwelle in den Raum begleitet. Sie trägt das Kind zum Beispiel noch an den Tisch, zu einem beliebten Spiel oder zur Bezugserzieherin. Manche Kinder und Eltern mögen das Ritual, dass Mutter oder Vater noch bis zum Spielen dabeibleibt, um sich dann erst zu verabschieden. Andere Kinder „werfen“ die Eltern gerne zur Tür hinaus, um den Abschied durch den Schubs als etwas Kontrollierbares und Lustvolles zu erleben.

Wieder andere Kinder finden Halt darin, **immer wieder gleiche Handlungen** auszuführen. Sie bringen zum Beispiel jeden Tag etwas von zuhause mit in die Einrichtung, wollen überdurchschnittlich häufig das gleiche Buch betrachten oder immer das gleiche Spiel mit derselben Fachkraft spielen. Wichtig ist, diese Verhaltensweisen als sinnvolle strukturgebende Rituale zu betrachten und nicht abzutun mit Bemerkungen wie: „Ach, du schon wieder!", „Jetzt hör doch mal auf mit diesem Getue!" oder „Nein, jetzt schaue ich nicht schon wieder das Buch mit dir an!".

Wie Rituale wirken können, beschreibt die Pädagogin Mareike Paic (2020): „Vor einigen Jahren hatte ein Junge aus meiner Gruppe mit seiner Mama ein inniges Ritual, das mir sehr in Erinnerung geblieben ist. Die Mama hatte immer einen Lippenstift dabei. Wenn sie den Kindergarten verließ, bekam ihr Sohn mit frisch geschminkten Lippen einen Kuss – mal auf die Stirn, mal auf die Wange. Unser Begrüßungsritual bestand dann daraus, dass ich den Kuss finden und bestaunen sollte. Es war toll zu beobachten, wie der Junge mehrfach am Vormittag schnell mal zum Spiegel flitzte, um zu schauen, ob noch eine Spur von Mama zu sehen war. Für ihn war dies eine wichtige Brücke, um seinen Trennungsschmerz zu überwinden."

Übergangsobjekte und -rituale während der Eingewöhnung beibehalten

!

Sicherheitgebende Objekte und Rituale werden in der Ankommenszeit und darüber hinaus in der außerfamiliären Betreuung ganz besonders gebraucht. Für Kinder kann es also eine **große Unsicherheit** bedeuten, wenn sie neben diesem großen ersten Übergang in die Einrichtung auch noch andere Veränderungen bewältigen müssen und liebgewonnene, sicherheitgebende Objekte oder Rituale abgeben müssen. So sollte beispielsweise von eine Schnullerentwöhnung, Windelentwöhnung oder dem Abgeben eines anderen Objektes in dieser Zeit abgesehen werden.

12 „Da müssen wir jetzt durch!" Wiedereingewöhnung oder einen Schritt zurück

„Wenn Tränen versiegen, doch Kummer bleibt" titulierte die Deutsche Liga für das Kind einen Artikel über Kriterien einer gelungenen Eingewöhnung (vgl. Fürstaller u.a. 2011). Diese Überschrift beschreibt ein Problem, das in einigen Kindertagesstätten zu beobachten ist. Die Eingewöhnung von scheinbar eingewöhnten Kindern wird als abgeschlossen definiert. Ein genaueres Hinsehen zeigt jedoch, dass sie nicht wirklich angekommen sind und still leiden. Nicht selten kommt es vor, dass Kinder ihre Hilfe-Signale einstellen, statt wirklich eingewöhnt zu sein. Sie weinen nicht mehr, sie verstummen und stellen ihren Protest ein. Nicht, weil es ihnen gutgeht, sondern weil sie bemerken, dass sie nicht gehört werden. Kommen Kinder nach einem Urlaub, nach einer Kita-Pause, nach einer längeren Krankheit oder nach einer Krise (z.B. Corona) zurück in die Einrichtung, heißt es oft: „Er ist ja schon eingewöhnt, eine Eingewöhnung ist nicht mehr nötig." Es scheint wie ein ungeschriebenes Gesetz zu sein, dass keine Rückschritte und keine neue Eingewöhnung in Erwägung gezogen werden können.

Das Beispiel

Der eineinhalbjährige Aron wurde vor acht Wochen eingewöhnt. Er kam gut in der Einrichtung an und wirkte offen für Neues. Aron konnte sich problemlos von seiner Begleitperson trennen, und so blieb er bereits nach zwei Wochen auch zum Schlafen in der Einrichtung. Folglich wurde die Eingewöhnung als abgeschlossen definiert. Als Aron zwischendurch krank war, kam er daraufhin wieder gut in der Krippe an, spielte und war meist fröhlich. Doch erst seit einer Woche nach der Krankheit weint er häufig und viel. Die Fachkräfte können ihn kaum noch beruhigen, müssen ihn viel tragen und dürfen ihn kaum absetzen. Aron jammert viel und spielt wenig. Genervt sagt Fachkraft Enzo zu seiner Kollegin: „Hilft nichts, da müssen wir jetzt durch! So ist das eben bei unserem Eingewöhnungsmodell."

Was ist hier passiert?

Aron war zu Beginn neugierig und mochte das spannende Umfeld der Krippe. Die Spielsachen und die anderen Kinder hatten es ihm besonders angetan. Er nahm zwar nicht viel Kontakt mit Fachkraft Enzo auf, dennoch empfanden die Beteiligten, dass seine Eingewöhnung gut gelungen und beendet sei, denn Aron hatte ja bereits in der Kita geschlafen.

Nach einer längeren Krankheit scheint Arons **inneres Sicherheitssystem jedoch ins Wanken geraten** zu sein. Er benötigt nun mehr Bindungssicherheit als zuvor. Sein Bindungsverhaltenssystem (vgl. Grossmann & Grossmann 2012/2021) schlägt Alarm. Weil er noch keine oder wieder keine Bindungssicherheit bei seiner Bezugsfachkraft Enzo finden kann, drückt er mit seinem Signalverhalten (starkes, häufiges Weinen und dauerhaftes Jammern) und seinem Annäherungsverhalten (Getragen-werden-wollen) aus, dass er seine eigentliche Bindungsperson, Mutter oder Vater, zur Regulation benötigt. Dass dafür eine erneute kleine

Ankommensphase notwendig sein kann, zieht Enzo nicht in Erwägung. Womöglich sagen ihm seine **Glaubenssätze:**

- „Das ist nicht normal!"
- „Da müssen wir jetzt durch!"
- Wenn wir einmal die Eltern zurückholen, wird Aron immer weiter nach ihnen weinen."
- „Wir dürfen die Eltern nicht stören!"
- „Die Eltern müssen arbeiten, wir müssen als Dienstleister ihren Auftrag der Betreuung erfüllen."

Starre Strukturen und genaue Zeitpläne

Das Berliner Eingewöhnungsmodell ist bisher in den meisten Einrichtungen konzeptionell verankert und so beliebt, weil es einfach verstehbar, leicht umsetzbar und in seinen **Abläufen klar definiert** ist. Das ist jedoch auch die Schwierigkeit, die das Modell mit sich bringt. Das Berliner Eingewöhnungsmodell gibt Anreiz dazu, schematisch vorzugehen. Der Ablauf hält konkrete zeitliche und handlungsleitende Vorgaben bereit. Das macht das Modell für viele auch so attraktiv, denn es gibt genaue Anweisungen, die befolgt werden können. Immer wieder wiesen die Begründer:innen des Berliner Modells (2007), Hans-Joachim Laewen, Beate Andres und Éva Hédervári-Heller, darauf hin, dass das Modell individuell an die Familien und das Kind angepasst werden sollte. Die Praxis zeigt jedoch, dass die starren Richtlinien dazu verleiten, weniger auf die Gefühle und Bedürfnisse des Einzelnen zu achten als vielmehr auf den beschriebenen Zeitplan.

Auch Enzo versteift sich zu sehr auf den Zeitplan des Eingewöhnungsmodells und denkt, dass es **keine Abweichungen** geben darf. Vermutlich hat er eine andere Art der Beziehungszeit bisher noch nicht als Vorbild erleben können. Dabei ist es wichtig, sich bewusst zu machen, dass Beziehungszeiten individuell an die Gefühle und Bedürfnisse angepasst sein sollten, also auch immer mit der möglichen Option, innezuhalten, abzuwarten oder Schritte zurückzugehen (siehe Kapitel 2).

Alle Modelle nutzen **Phasen,** um einen Ankommensprozess zu beschreiben. Das ist an vielen Stellen hilfreich und gibt Orientierung. Im Partizipatorischen Modell werden Phasen zum Beispiel nur als grobe Orientierung angegeben, um feststellen zu können, in welchem Stadium der Eingewöhnung sich die Familie befindet. Die Phasen können sich auch überlappen oder parallel auftreten. Wenn Phasen und Abläufe jedoch zu starr gesehen und angewendet werden, können sie auch daran hindern, die tatsächlichen Signale wahrzunehmen, die die Beteiligten im Ankommensprozess zeigen. Eingewöhnungsmodelle sind meist so dargestellt, dass der Eindruck entsteht, es gäbe eine kontinuierlich fortschreitende Entwicklung, in der die Phasen immer aufeinander aufbauen. Wenig thematisiert wird jedoch, dass auch „Rückschritte" und Kurven möglich sind (vgl. Abb. 7). Ankommen ist ein **kurviger Prozess.**

Ankommen: ein kurviger Prozess

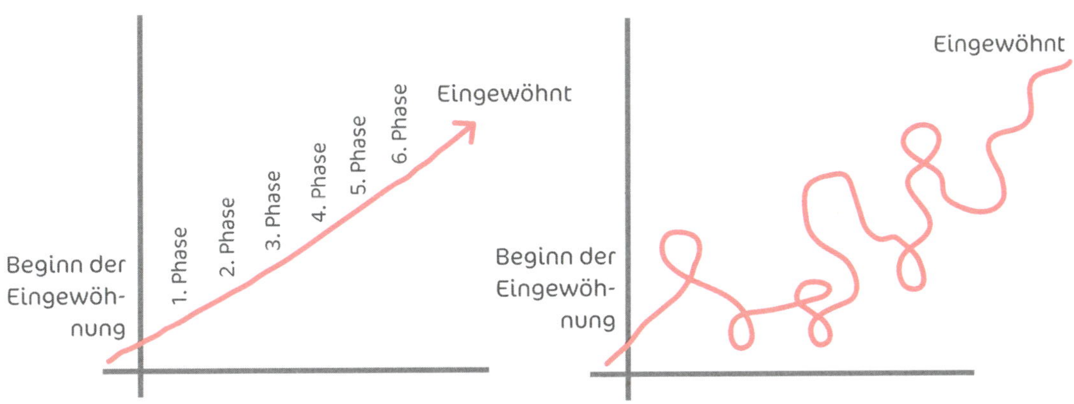

Abb. 7 Keine Phasen, ein Prozess

Autonomiebedürfnis vor Bindungsbedürfnis

Klassischerweise wird in der Eingewöhnungsliteratur davon gesprochen, dass immer zuerst das Bedürfnis nach Sicherheit relevant ist und dann das Bedürfnis nach Autonomie hinzukommt. Es kann aber auch sein, dass beide Bedürfnisse parallel erfüllt werden wollen oder **erst das Bedürfnis nach Autonomie präsent** ist, bevor das Bedürfnis nach Bindung deutlich wird. So möglicherweise auch bei Aron. Ihm ist es zu Beginn wichtig, das Spielzeug und die anderen Kinder zu erkunden. Erst später nach der Erkrankung zeigt er sein Bedürfnis nach Bindung und Beziehung. Es wäre nun fatal, zu sagen: „Du bist doch schon eingewöhnt, und du hast jetzt nicht mehr das Anrecht auf eine Eingewöhnung." Auch Körperkontakt zu verbieten, zum Beispiel auf dem Schoß sitzen zu dürfen, weil Aron das bisher nicht brauchte und er nicht mehr in der Beziehungszeit ist, darf nicht sein (siehe Kapitel 10).

Zeichen für eine nicht abgeschlossene Eingewöhnung

Enzo bemerkt zwar, dass es Aron nicht gutgeht, folgt seinem eigenen Gefühl jedoch nicht, da er denkt, dass Arons Beziehungszeit bereits als abgeschlossen kommuniziert und deshalb nun der vorgeschriebene Ablauf „durchgezogen" werden müsse. Aron zeigt jedoch **deutliche Zeichen,** die dafür sprechen, dass die momentane Betreuung ohne seine vertrauten Bindungspersonen nicht möglich ist. Diesen Zeichen sollte Enzo folgen.

> Sind Zeichen einer noch nicht abgeschlossenen Beziehungszeit zu beobachten, sollten eine erneute Beziehungszeit oder „Rückschritte" in der Beziehungszeit in Erwägung gezogen werden.

Enzo kann gemeinsam mit der Familie von Aron eine neue Lösung für das Ankommen finden.

Mit berücksichtigt wird dabei grundsätzlich, wie langanhaltend und ausgeprägt Aron die Zeichen einer nicht abgeschlossenen Eingewöhnung zeigt und wie seine Verfassung insgesamt ist.

Beachtung still leidender Kinder

Besondere Beachtung sollten still leidende Kinder erhalten. Sie bringen ihre Gefühle und Bedürfnisse nicht so stark zum Ausdruck. Ihr eher introvertiertes, internalisierendes Verhalten lässt nur bei genauem Hinsehen erahnen, dass es ihnen nicht gutgeht. Psychosomatische Zeichen wie Bauchschmerzen oder Kopfschmerzen, Nichts-essen-wollen oder schlechter Schlaf können Anzeichen sein, dass die Beziehungszeit für sie noch nicht abgeschlossen ist.

(vgl. Grossmann 2011)

Was kann Enzo stattdessen tun?

Enzo beobachtet nun seit mehreren Tagen, dass es Aron nicht gutgeht. Die Fachkraft tut ihr Möglichstes, versucht das Kind zu tragen, es zu trösten und für es da zu sein. Enzo spricht liebevoll mit Aron und zeigt Verständnis. Trotzdem hat Enzo das Gefühl, dass er nicht mehr an Aron herankommt, dass der Junge wie ausgewechselt wirkt. Gemeinsam kommen Enzo und das gesamte Team zu dem Ergebnis, dass sie die **Betreuung von Aron so nicht weiterführen** wollen. Früher hätte Enzo gedacht, er müsse die Eingewöhnung nun „durchziehen". Doch seit gemeinsam im Team beschlossen und mit den Eltern kommuniziert wurde, dass auch „Rückschritte" und kleine Kurven in Ankommensphasen als Möglichkeit mit einbezogen werden, fällt es Enzo leichter, diesen Schritt in Erwägung zu ziehen. Das Wohl von Aron geht vor.

Eltern mit ins Boot holen

Da Enzo bereits im Vorhinein darüber aufgeklärt hat, dass die Ankommenszeit auch kurvenartig oder mit „Rückschritten" stattfinden kann, sind die Eltern von Aron nun bereit, eine individuelle Lösung für ihren Sohn zu finden und zu einem klärenden Gespräch in der Kita vorbeizukommen. Enzo und sein Team haben sicherheitshalber im **Vertrag** eine Klausel eingefügt, die besagt, dass die Eltern sich für die Ankommenszeit mindestens acht Wochen einplanen sollten. Sie haben **die Eltern rechtzeitig darüber informiert,** dass sie – auch wenn Aron bereits nach zwei Wochen in der Einrichtung bleibt – dennoch weitere Wochen auf Abruf bereit sein sollten. Enzo und sein Team kommunizieren immer wieder transparent, dass das Wohl des Kindes in ihrer Einrichtung an oberster Stelle steht.

Enzo vereinbart mit den Eltern ein Gespräch und schildert ihnen seine Beobachtungen. Er nutzt die gewaltfreie Kommunikation (vgl. Rosenberg 2016), um seine Beobachtungen, seine Gefühle und seine Bedürfnisse offenzulegen. Enzo hat die Erfahrung gemacht: Wenn er **ehrlich über seine Empfindungen** spricht, etwas von sich preisgibt, kann eine Beziehung zu den Eltern entstehen, die sich auf Augenhöhe bewegt, und auf deren Basis eine friedvolle, gemeinsame Lösung gefunden werden kann.

Im **Gespräch** sagt Enzo: „Mein Team und ich haben Aron seit mehreren Tagen beobachtet. Sie haben ja schon gemerkt, dass der Abschied ihm morgens viel schwerer fällt als vor seiner Erkrankung. Der Abschiedsschmerz ist das eine, das andere ist, dass Aron über den Tag verteilt wirklich viel weint, jammert und viel getragen werden will (Beobachtung). Er wirkt anhaltend gestresst. Was mir Sorgen (Gefühl) macht, ist, dass er nicht spielt und am Ende des Tages verweint und erschöpft einschläft. Meinem Team und mir macht das Bauchschmerzen (Körpergefühl). Mir ist wichtig, dass es Aron hier gutgeht, dass er sich wohl und sicher fühlt (Bedürfnis). Wie geht es Ihnen mit dem, was ich sage?" (Pause lassen, damit die Eltern antworten können).

Die Eltern sammeln im Gespräch bereits Ideen, wie sie Aron gerecht werden können. Und Enzo ergänzt: „Mein Team und ich sind der Meinung, dass es wichtig wäre, etwas an der Betreuungs- und Eingewöhnungssituation zu ändern. Haben Sie eine Idee, was wir tun können?" Alle Eltern wollen, dass es ihrem Kind gutgeht. Aus diesem Grund werden sie gemeinsam mit Enzo überlegen, was Aron **guttun** könnte und welche Lösungen es gibt, dieses Ziel zu erreichen. Zu bedenken ist, dass nicht alle Eltern ihr Kind einen Tag zuhause lassen, früher abholen oder wieder mit in die Einrichtung kommen können. Dennoch sollte alle kreative Energie genutzt werden, um eine Veränderung in der Betreuungs- und Ankommenssituation zu bewirken. Falls es keine Lösung unter Einbezug der Eltern für die Eingewöhnung gibt, bedarf es in der Einrichtung kreativer Überlegungen, wie das Team Aron mehr Sicherheit und Wohlbefinden verschaffen kann.

„Rückschritte" als Chance nutzen

Die Eltern von Aron schlagen in dem Gespräch vor, dass sie ihren Sohn einen Tag zuhause lassen und dann vorerst eine Woche lang morgens **noch einmal für eine Stunde mit in die Einrichtung** kommen wollen.

Sonja, Enzos Teamkollegin, hat immer noch **Sorge,** dass eine solche Entscheidung bei Aron dazu führen könnte, die Eltern dann wieder durchgängig bei sich haben zu wollen. Doch nach nun fünf Beziehungszeiten, die Sonja auf diese Art bedürfnisorientiert begleitete, merkt sie, dass dieser Glaubenssatz über Bord geworfen werden kann. Die Kinder gewinnen im Rahmen dieses Vorgehens mehr Vertrauen, können wieder Kraft tanken und fühlen sich sicherer. Auch bei Aron ist bereits ein Tag Krippenpause deutlich als Bereicherung zu erleben. Enzo sieht ihm an, dass er wacher, zufriedener, lernfreudiger wirkt als die vergangenen Tage. Auch als der Vater nun wieder einige Tage mit dabeibleibt, gewinnt Aron mehr und mehr an Freude und Sicherheit zurück. Anfangs bleibt Aron noch bei seinem Vater auf dem Schoß, anschließend spielt er jedoch wieder, und am Ende der Woche darf Papa nach einer halben Stunde nach Hause fahren.

Aron hat der **kleine Rückschritt gutgetan.** Er konnte die Erfahrung machen, dass er einer schwierigen, kaum zu bewältigenden Situation nicht hilflos ausgeliefert ist, sondern Einfluss auf äußere Umstände nehmen kann, die zu seinem Wohlbefinden beitragen. Das ist eine Wirksamkeitserfahrung, die Aron als Schatz für sein Selbst- und Weltbild mitnehmen kann.

Wann ist eine Eingewöhnung abgeschlossen?

Im kontinuierlichen Kontakt besprechen Enzo und Arons Vater, wie es dem Jungen in der zurückgeschraubten Beziehungszeit geht. Nach eineinhalb Wochen erneuter kleiner Beziehungszeit ist Aron besser angekommen. Das sieht Enzo daran, dass Aron spielt, gut isst, dass er sich trösten lässt, nicht mehr jammert und keine Stresszeichen mehr zeigt. Seinen sonst häufig genutzten Schnuller braucht er nun auch weniger. Er legt ihn immer öfter neben sich auf den Teppich und redet mit Enzo.

Eingewöhnung – abgeschlossen oder nicht?

ANZEICHEN FÜR EINE NOCH NICHT ABGESCHLOSSENE EINGEWÖHNUNG	MÖGLICHE ZEICHEN FÜR EINE ABGESCHLOSSENE EINGEWÖHNUNG
Häufiges Weinen, starke Anhänglichkeit, häufiges Kranksein, Stresszeichen, Appetitlosigkeit, starke Müdigkeit, Teilnahmslosigkeit, kaum Spiel, Nervosität, Ängstlichkeit, Schlaflosigkeit, Aggressivität, kaum Kooperation, häufige Bauchschmerzen, Kopfschmerzen, Verstummen, Aggression, häufige emotionale Ausbrüche; Kind wirkt emotional labil, es zeigt ein stark verändertes Verhalten, wenig Freude und wenig Zufriedenheit, Verweigern („bockig" sein), keine Anteilnahme an gemeinsamer Freude, ungewöhnlich lange in sich versunken sein, sehr lange im Abseits stehen ohne eigene Beschäftigung, Desinteresse am Erkunden der Angebote, sich stets von anderen wegbewegen, andere still von ihren Plätzen oder Spielsachen verdrängen, anhaltend ängstliches Anklammern, Augenkontakt vermeiden, zielloses Umherwandern, starke Selbststimulation (vgl. Grossmann 2011).	Das Kind erkundet die Umgebung, zeigt Interesse an anderen Kindern, holt sich Unterstützung von der Betreuungsperson, lässt sich von der Betreuungsperson trösten und versorgen, geht in Verbindung mit anderen Kindern und der Betreuungsperson, fühlt sich sicher und kann im Alltag teilhaben, lässt sich auf Kontaktaufnahmen mit anderen Menschen ein, zeigt Interesse an den Spielmaterialien, lässt sich in den Schlaf begleiten, wacht nach dem Mittagsschlaf ruhig und entspannt auf, isst gut, entwickelt einen Überblick über den Tagesablauf, kennt Rituale, findet sich räumlich zurecht, beachtet Regeln.

Danke

Ich möchte mich nach dem intensiven Recherche- und Schreibprozess bei einigen Menschen bedanken, die mich inspiriert, unterstützt und begleitet haben.

Zunächst: ohne meinen Mann wäre das Schreiben dieses Buches nicht möglich gewesen. Er hat dafür gesorgt, dass ich Freiräume bekam und beispielsweise auf sein Hinwirken mehrere Tage in einem Hotel zum Schreiben verbringen konnte. Ich danke auch meinen beiden wundervollen Kindern, mit denen ich mehrere Eingewöhnungen erleben durfte. Sie sind immer wieder eine große Bereicherung und Inspirationsquelle für mich.

Ich danke recht herzlich meiner hochgeschätzten Kollegin Kathrin Hohmann. Sie ist mir immer wieder eine gute Beraterin, Zuhörerin, Unterstützerin, Impulsgeberin und Freundin, vielen Dank!

Ein besonderer Dank gilt diversen Expert:innen auf dem Gebiet der Eingewöhnung, die mir mit Impulsen, kritischen Anmerkungen und ihrem Fachwissen zur Seite standen. Besonders hervorzuheben sind dabei Franziska Ebner-Ptok, Stefanie von Brück, Anja Cantzler, Gundula Göbel, Dr. Marjan Alemzadeh und Kira Daldrop.

Nicht zuletzt möchte ich allen Fachkräften danken, deren Eingewöhnungen ich begleiten durfte und die mich an ihren Geschichten über Eingewöhnungen teilhaben ließen.

Vielen Dank an alle, die meine Bücher lesen und die Inhalte mit aller Kraft in die Praxis tragen. Auch wenn es manchmal schwer ist, die Bedürfnisorientierte Pädagogik zu etablieren, vergesst nicht: Jeder kleine Schritt zählt, gemeinsam schaffen wir das, gemeinsam sind wir die Veränderung!

Vielen Dank,
Lea

Literatur

Ahnert, L. (2004a): Transition to Child Care: Associations With Infant-Mother Attachment, Infant Negative Emotion, and Cortisol Elevations. Child Development. Vol. 75, Issue 3, 639–650.

Ahnert, L. (Hrsg.) (2004b): Frühe Bindung – Entstehung und Entwicklung. München: Ernst Reinhardt.

Ainsworth, M.D.S. & Bell, SM. (1974): Mother-infant interaction and the development of competence. In: K.J: Connolly & J. Bruner: The growth of competence (pp. 97–118). London/New York: Academic Press. Deutsche Fassung (2003): Die Interaktion zwischen Mutter und Säugling und die Entwicklung von Kompetenz. In: K.-H. Grossmann & K. Grossmann (Hrsg.): Bindung und menschliche Entwicklung. John Bowlby, Mary Ainsworth und die Grundlagen der Bindungstheorie. Stuttgart: Klett-Cotta, S. 217–241.

Alemzadeh, M. (2018): Die Bedeutung Wahrnehmenden Beobachtens in einem partizipatorischen Eingewöhnungsmodell. KiTa-Fachtexte: https://www.kita-fachtexte.de/fileadmin/Redaktion/Publikationen/KiTaFT_Alemzadeh_2018_WahrnehmendesBeobachten_Eingewoehnung.pdf (letzter Zugriff 22.02.2023).

Alemzadeh, M. (2021a): Traumafrei eingewöhnen. TPS – Theorie und Praxis der Sozialpädagogik, Traumapädagogik., Heft 9/21, 36–39.

Alemzadeh, M. (2021b): Die Tränen der Vergangenheit. TPS – Theorie und Praxis der Sozialpädagogik, Traumapädagogik, Heft 9/21, 40–43.

Alemzadeh, M. (2023): Partizipatorische Eingewöhnung. Freiburg im Breisgau: Herder.

Beelmann, W. (2006): Normative Übergänge im Kindesalter. Anpassungsprozesse beim Eintritt in den Kindergarten, in die Grundschule und die weiterführende Schule. Hamburg: Dr. Kovac.

Beller, K. (2002): Eingewöhnung in die Krippe. Ein Modell zur Unterstützung der aktiven Auseinandersetzung aller Beteiligten mit Veränderungsstress. Frühe Kindheit, 2 (5), 9–14.

Bensel, J.; Haug-Schnabel, G. & Kremers, J. (2020): Kinderängste verstehen und achtsam begleiten. kindergarten heute wissen kompakt. Freiburg im Breisgau: Herder.

Bleicher, K. (2020): Sicher eingewöhnen. Wie ein einfühlsamer Übergang in die Krippe gelingt. Stuttgart: Freies Geistesleben.

Brisch, K.H. (2013): Signale wahrnehmen. Meine Kita – Das didacta Magazin für den Elementarbereich, Ausgabe 3, 8–12.

Brisch, K.H. (2014): Säuglings- und Kleinkindalter. Bindungspsychotherapie. Bindungsbasierte Beratung und Therapie. Stuttgart: Klett-Cotta.

Cantzler, A. (2022): Peergroup-Eingewöhnung. Mülheim an der Ruhr: Verlag an der Ruhr.

Caspi, A.; Sugden, K.; Moffitt, T.E.; Taylor, A.; Craig, I.W.; Harrington, H.; McClay, J.; Mill, J; Martin, J.; Braithwaite, A. & Poulton, R. (2003): Influence of life stress on depression: moderation by a polymorphism in the 5-HTT gene. Science, New Series, 301/ 5631, 386–389.

Damásio, A. (1994): Descartes' Irrtum. Fühlen, Denken und das menschliche Gehirn. München: List.

Datler, W.; Hover-Reisner, N. & Fürstaller, M. (2010): Zur Qualität von Eingewöhnung als Thema der Transitionsforschung. Theoretische Grundlagen und forschungsmethodische Gesichtspunkte unter besonderer Bezugnahme auf die Wiener Krippenstudie. In: F. Becker-Stoll, J. Berkic & B. Kalicki (Hrsg.): Bildungsqualität für Kinder in den ersten drei Jahren. Berlin: Cornelsen, S. 158–166.

Datler, W.; Funder, A.; Hover-Reisner, N. & Ereky-Stevens, K. (2012): Eingewöhnung von Krippenkindern: Forschungsmethoden zu Verhalten, Interaktion und Beziehung in der Wiener Kinderkrippenstudie. In: S. Viernickel, D. Edelmann, H. Hoffmann & A. König (Hrsg.): Krippenforschung. Methoden, Konzepte, Beispiele. München: Ernst Reinhardt, S. 59–73.

Derksen, B. & Lohmann, S. (2013): Baby-Lesen. Die Signale des Säuglings sehen und verstehen. Stuttgart: Hippokrates.

Dornes, M. (2009): Der kompetente Säugling (14. Auflage). Frankfurt am Main: Fischer.

Ferber, J. (2022): Das „Nein" von Kleinkindern im Spannungsfeld zwischen Macht und frühkindlicher Selbstbestimmung. Eine ethnografische Feldstudie zur Fachkraft-Kleinkind-Interaktion in der pädagogischen Alltagspraxis. In: D. Weltzien & K. Fröhlich-Gildhoff (Hrsg.): Perspektiven der empirischen Kinder- und Jugendforschung. Freiburg: FEL, S. 34–60.

Fink, H (2022): Die Eingewöhnung in der Peer – das Tübinger Modell. Kita-Fachtexte: www.kita-fachtexte.de/fileadmin/Redaktion/Publikationen/220327_KitaFachtexte_Fink_02.pdf (letzter Zugriff 02.12.2022).

Fischer, G. & Riedesser, P. (1999): Lehrbuch der Psychotraumatologie. München: UTB.

Fürstaller, M.; Funder, A. & Datler, W. (2011): Wenn Tränen versiegen, doch Kummer bleibt. Über Kriterien gelungener Eingewöhnung in der Kinderkrippe. Frühe Kindheit, Heft 1/2011. www.liga-kind.de/fk-111-datler/ (letzter Zugriff 30.11.2022).

Garbe, E. (2015): Das kindliche Entwicklungstrauma. Verstehen und begleiten. Stuttgart: Klett-Cotta.

Göbel, G (2021): Die Kraft des Tröstens. Trost – Emotionale Nahrung fürs Leben. Gundula Göbel Bildungs-UG.

Grawe, K. (2004): Neuropsychotherapie. Göttingen: Hogrefe.

Griebel, W. & Niesel, R. (2004): Transitionen. Fähigkeiten von Kindern in Tageseinrichtungen fördern, Veränderungen erfolgreich zu bewältigen. Weinheim, Basel: Beltz.

Griebel, W. & Niesel, R. (2016): Übergänge verstehen und begleiten. Transitionen in der Bildungslaufbahn von Kindern. Berlin: Cornelsen.

Grossmann, K. (2011): Stumme Zeichen des Leids bei Kleinkindern in Familie und Tagesbetreuung. In: R. Kißgen & N. Heinen (Hrsg.): Familiäre Belastungen in früher Kindheit. Stuttgart: Klett-Cotta.

Grossmann, K.E. & Grossmann, K. (2012/2021): Bindungen – das Gefüge psychischer Sicherheit. Stuttgart: Klett-Cotta.

Harlow, H.F. (1958): The nature of love. American Psychologist, 13, 673–685.

Hassenstein, B. (2006): Verhaltensbiologie des Kindes. Münster: Monenstein und Vannerdat.

Hédervári-Heller, É. (2008): Die Bindungstheorie. In: J. Maywald & B. Schön (Hrsg.): Wie frühe Betreuung gelingt. Fundierter Rat zu einem umstrittenen Thema. Weinheim und Basel: Beltz, S. 65–73.

Hédervári-Heller, É. (2011): Emotionen und Bindung bei Kleinkindern. Entwicklung verstehen und Störungen behandeln. Weinheim, Basel: Beltz.

Hildebrandt, L.K.; McCall, C.; Singer, T. (2017): Differential effects of attention-,compassion- and socio-cognitively based mental practices on self-reports of mindfulness and compassion. Mindfulness 8 (6), 1488–1512.

Honeybourne, V. (2019): The Neurodiverse Workplace: An Employer's Guide to Managing and Working with Employees, Clients and Customers. London: Jessica Kingsleys.

Hörmann, K. (2014): Die Entwicklung der Fachkraft-Kind-Beziehung. Kita Fachtexte: www.kita-fachtexte.de/fileadmin/Redaktion/Publikationen/KiTaFT_hoermann_2014.pdf (letzter Zugriff 25.01.2023).

Hummel, I. (2021): Mein wunderbares schüchternes Kind: Mut machen, Selbstvertrauen stärken, liebevoll begleiten. Die besten Strategien für alle typischen Situationen: Strategien für alle typischen Situationen. Hannover: Humboldt.

Juul, J. (2014): Vier Werte, die Kinder ein Leben lang tragen. München: GU.

Kanske, P. (2015): Emotion regulation through compassion: An overview. Talk presented at Workshop Congress in Clinical Psychology and Psychotherapy. TU Dresden, Germany. 2015-05-14 – 2015-05-16.

Keller, H. (2019): Mythos Bindungstheorie. Konzept, Methode, Bilanz. Weimar: verlag das netz.

Kirkilionis, E. (2013): Ein Baby will getragen sein. Alles über geeignete Tragehilfen und die Vorteile des Tragens. München: Kösel.

Kübler-Ross, E. (1994): Interviews mit Sterbenden. Stuttgart: Kreuz.

Kunay, C. (2022): (Hoch-)Sensible Kinder im KiTa-Alltag begleiten. In: nifbe (Hrsg.): Jedes Verhalten hat seinen Sinn. Herausfordernden Kindern in der KiTa begegnen. Freiburg im Breisgau: Herder.

Laewen, H.-J. (1989): Zur außerfamilialen Tagesbetreuung von Kindern unter drei Jahren. Stand der Forschung und notwendige Konsequenzen. Zeitschrift für Pädagogik, (35), 869–888.

Laewen, H.-J.; Andres, B. & Hédervári-Heller, É. (2006): Ohne Eltern geht es nicht: Die Eingewöhnung von Kindern in Krippen und Tagespflegestellen. Berlin: Cornelsen.

Laewen, H-J.; Andres, B. & Hédervári-Heller, É. (2007): Die ersten Tage – ein Modell zur Eingewöhnung in Krippe und Tagespflege. Berlin: Cornelsen.

Lamm, B. (2018): Wie gestaltet sich Kita-Eingewöhnung aus interkultureller Perspektive? https://kita-einstieg.fruehe-chancen.de/fileadmin/PDF/Kita-Einstieg/nifbe-Kita-Einstieg-Wissen-kompakt_Eingewoehnung_interkulturell.pdf (letzter Zugriff 28.01.2023).

Luthar, S. (2006): Resilience in development: A synthesis of research across five decades. In: D. Cicchetti & D.J. Cohen (Hrsg.): Developmental Psychopathology: Risk, disorder, and adaption. New York, NY: Wiley, S. 739–795.

Maywald, J. (2019): Gewalt durch pädagogische Fachkräfte verhindern. Die Kita als sicherer Ort für Kinder. Freiburg im Breisgau: Herder.

nifbe (Hrsg.); Gutknecht, D.; Jessel, H.; Lamm, B. & Maywald, J. (2022): Jedes Verhalten hat seinen Sinn. Herausfordernden Kindern in der KiTa begegnen. Freiburg im Breisgau: Herder.

Paic, M. (2020): Vom „ICH-BUCH“ zur „ICH BOX“ – Eine bewährte Methode wird erweitert. Auf dem Blog von Anja Cantzler: https://coaching-cantzler.de/2020/08/07/die-ich-box-ein-sichererplatz-fur-ubergangsobjekte/ (letzter Zugriff 04.01.2023).

Partizipatorische Eingewöhnung nach Marjan Alemzadeh: www.partizipatorische-eingewoehnung.de (letzter Zugriff 05.12.2022).

Porges, S.W. (2021): Die Polyvagal-Theorie und die Suche nach Sicherheit: Traumabehandlung, soziales Engagement und Bindung. Lichtenau: Probst.

Powell, B.; Cooper, G.; Hoffmann, K: & Marvin, B. (2015): Der Kreis der Sicherheit. Die Klinische Nutzung der Bindungstheorie. Lichtenau: Probst.

Rauh, H. (1998): Frühe Kindheit. In: R. Oerter & L. Montada (Hrsg.): Entwicklungspsychologie (4. korrigierte Auflage). Weinheim: Beltz PVU, S. 167–248.

Remsperger, R. (2011): Sensitive Responsivität. Zur Qualität pädagogischen Handelns im Kindergarten. Wiesbaden: VS.

Renz-Polster, H. (2022): Kinder verstehen. Born to be wild: Wie die Evolution unsere Kinder prägt. München: Kösel.

Richter, S. (2013): Adultismus: die erste erlebte Diskriminierungsform? Theoretische Grundlagen und Praxisrelevanz. Kita Fachtexte: www.kita-fachtexte.de/fileadmin/Redaktion/Publikationen/KiTaFT_richter_2013.pdf (letzter Zugriff 30.01.2023).

Rosenberg, M. (2016): Gewaltfreie Kommunikation. Eine Sprache des Lebens. Paderborn: Junfermann.

Scheerer, A.K. (2008): „Mein Baby wird kein Problem machen …". Konfliktdiagnosen im Zusammenhang mit früher außerfamiliärer Betreuung. Psyche, 62(2), 118–135.

Scherwath, C. (2021): Liebe lässt Gehirne wachsen. Berlin: Cornelsen.

Schneider, H. & Franz, M. (Hrsg.) (2023): Wickeln, Händewaschen, Windelfrei. Partizipation im Kita-Alltag leben. Stuttgart: Klett Kita.

Siegel, D. (2014): Handbuch der Interpersonellen Neurobiologie. Freiburg: Arbor.

Siegel, D.J. & Bryson, T.P. (2017): Achtsame Kommunikation mit Kindern. 12 revolutionäre Strategien aus der Hirnforschung für die gesunde Entwicklung Ihres Kindes. Freiburg: Arbor.

Siegler, R.; DeLoache, J.; Eisenberg, N. & Pauen, S. (Hrsg.) (2008): Entwicklungspsychologie im Kindes- und Jugendalter. Heidelberg: Spektrum Akademischer Verlag.

Spitzer, M. (2002): Lernen. Gehirnforschung und die Schule des Lebens. Heidelberg, Berlin: Spektrum.

Stahl, S. (2015): Das Kind in dir muss Heimat finden. Der Schlüssel zur Lösung (fast) aller Probleme. München: Kailash.

Streit, U. & Jansen, F. (Hrsg.) (2016): Oxytocin, das Hormon der Nähe: Gesundheit – Wohlbefinden – Beziehung. Berlin/Heidelberg: Springer.

Strüber, N. (2019): Risiko Kindheit. Stuttgart: Klett-Cotta.

Thomas, A. & Chess, S. (1991): Temperament and the concept of goodness of fit. In: Strelau, J., & Angleitner, A. (Eds.). Explorations in temperament: International perspectives on theory and measurement. Plenum Press, S. 15-28.

Vermeer, H.J. & van IJzendoorn, M.H. (2006): Child & Family Studies and Data Theory. Leiden University, The Netherlands. Early Childhood Research Quarterly 21, 390–401.

Weber, C.T. (2019): Traumafokus. Eine neuropsychotherapeutische Methode zur Verarbeitung von psychischem Stress, Traumata und chronischem Schmerz. Wien: Facultas.

Wedewardt, L. (2022): Wörterzauber statt Sprachgewalt. Achtsam sprechen in Kita, Krippe und Kindertagespflege. Freiburg im Breisgau: Herder.

Wedewardt, L. & Cantzler, A. (2022): Sich seiner selbst bewusst sein. Biografische Selbstreflexion. Freiburg im Breisgau: Herder.

Wedewardt, L. & Hohmann, K. (2021): Kinder achtsam und bedürfnisorientiert begleiten in Kita, Krippe und Kindertagespflege. Freiburg im Breisgau: Herder.

Wilhelm, K. (2014): Die frühe Kindheit und der späte Schmerz. Psychologie Heute, 5, 26–30.

Winner, A. & Erndt-Doll, E. (2009): Anfang gut? Alles besser! Ein Modell für die Eingewöhnung in Kinderkrippen und anderen Tageseinrichtungen für Kinder. Berlin: verlag das netz.

Winnicott, D.W. (1973): Vom Spiel zur Kreativität. Stuttgart: Klett-Cotta.

Zietlow, A.-L.; Heinrichs, M. & Ditzen, B. (2016): Psychobiologie sozialer Nähe. Zusammenhänge mit Stress und Gesundheit im Entwicklungsverlauf. Psychotherapie im Dialog, Heft 3/2016, 82–85.

Zwettler-Otte, S. (2006): Die Melodie des Abschieds. Eine psychoanalytische Studie zur Trennungsangst. Stuttgart: Kohlhammer